LE CONTRAT D'ÉDITION

ET

LES AUTRES LOUAGES D'ŒUVRES INTELLECTUELLES

Mémoire lu à l'Académie des sciences morales et politiques (Institut de France)

PAR

ERNEST EISENMANN

AVOCAT A PARIS

EXTRAIT DU COMPTE RENDU

De l'Académie des sciences morales et politiques

(INSTITUT DE FRANCE)

PAR MM. HENRY VERGÉ ET P. DE BOUTAREL

Sous la direction de M. le Secrétaire perpétuel de l'Académie

PARIS

LIBRAIRIE COTILLON
F. PICHON, Success. Éditeur
24, RUE SOUFFLOT, 24

ALPHONSE PICARD & FILS
ÉDITEURS
82, RUE BONAPARTE

1891

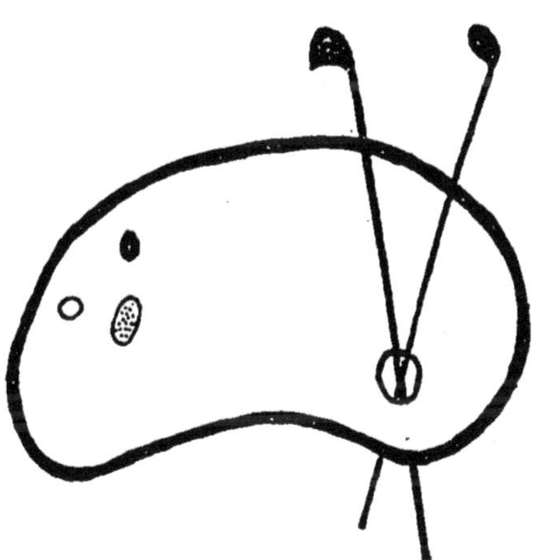

FIN D'UNE SERIE DE DOCUMENTS
EN COULEUR

LE CONTRAT D'ÉDITION

ET

LES AUTRES LOUAGES D'ŒUVRES INTELLECTUELLES

Mémoire lu à l'Académie des sciences morales et politiques (Institut de France)

PAR

ERNEST EISENMANN

AVOCAT A PARIS

PARIS

LIBRAIRIE COTILLON
F. PICHON, Success. Éditeur
24, RUE SOUFFLOT, 24

ALPHONSE PICARD & FILS
ÉDITEURS
82, RUE BONAPARTE, 82

1894

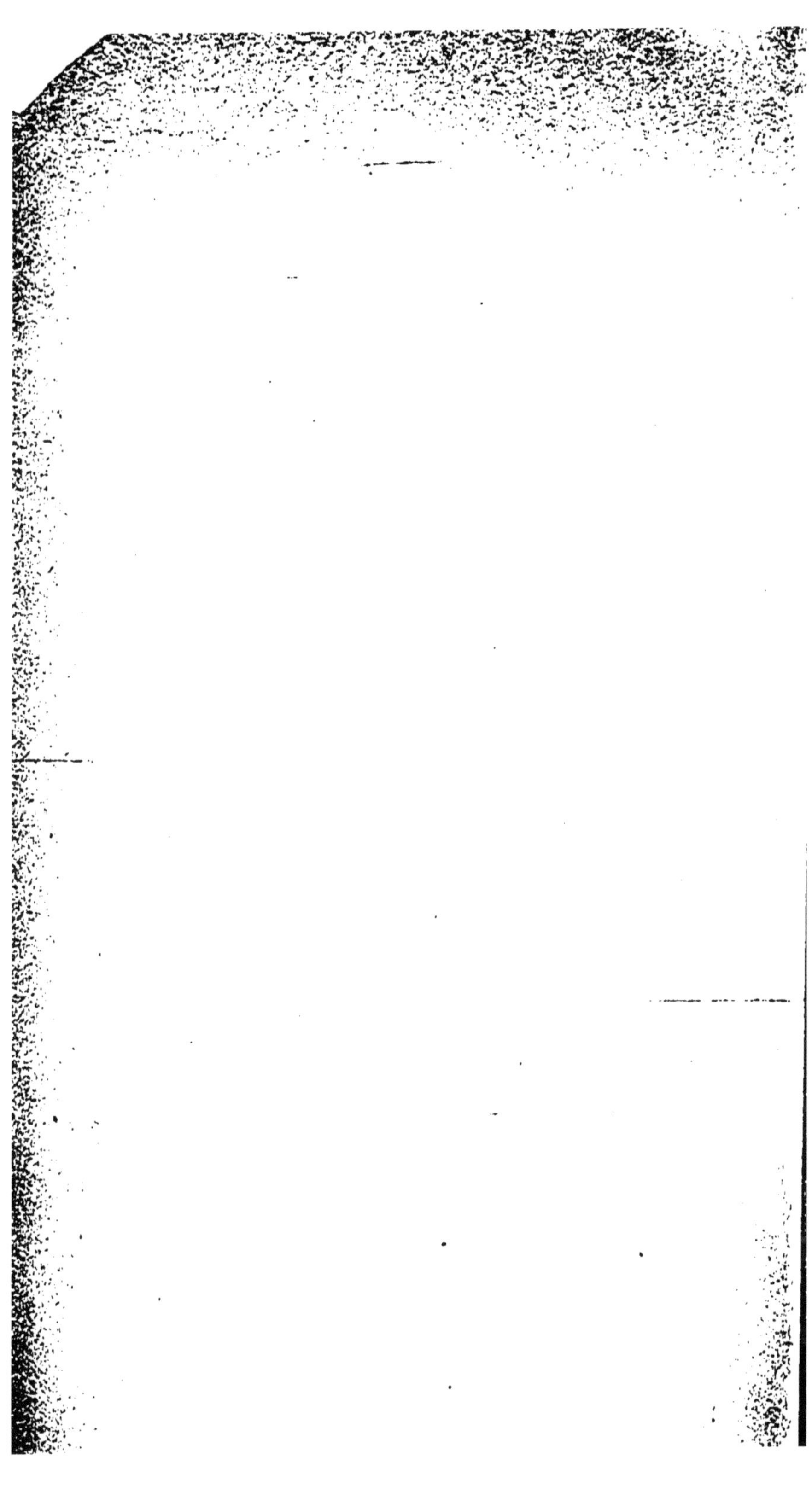

« On a dit aussi, que le droit commun suffisait ; quel droit commun ? — Le contrat d'édition, tout le monde en est d'accord, ne constitue ni une vente, ni un louage, ni un mandat. »

(POUILLET.)

ἀλλὰ καὶ ὥς·.....

LE CONTRAT D'ÉDITION

ET LES AUTRES LOUAGES D'ŒUVRES INTELLECTUELLES.

CHAPITRE Ier. — OBJET DU CONTRAT D'ÉDITION.

Le contrat d'édition est au moment actuel l'objet des études d'un nombre de corporations et sociétés savantes ou industrielles, et les différents projets, soit d'un contrat modèle national ou international, soit d'une loi destinée à régler les rapports entre les auteurs et les éditeurs à défaut d'une convention, démontrent suffisamment le grand intérêt qu'on apporte à cette matière de tous les côtés.

Les débats étant ouverts, qu'on nous permette d'y joindre une opinion, qui ne prétend guère épuiser la question, mais qui est inspirée du désir de contenir les flots débordants des projets et contre-projets en ramenant l'attention à la question fondamentale dont elle s'est laissée, selon nous, écarter. Nous sommes d'avis qu'il faut arrêter avant tout la nature juridique des droits compris essentiellement dans tout contrat d'édition, avant qu'on puisse s'occuper utilement d'en fixer les conséquences, espèces, nuances et variétés, selon le genre de l'un ou de l'autre cas aussi bien que selon les coutumes du commerce de l'un et de l'autre pays.

Aucun des projets que nous connaissons n'a entrepris de fixer la nature du contrat d'édition dans le système du droit commun. Le seul essai qui ait été fait en nue science et sans se perdre en détails de la pratique, et dont nous parlerons au quatrième chapitre, n'a pas maintenu son premier cours et n'a pas donné une solution satisfaisante du problème.

Les droits et obligations de l'auteur et de l'éditeur se composent de toute une série de prestations mutuelles qu'on s'est en général borné à énumérer en les définissant quant à leur portée, durée, étendue en pratique, dans la vie réelle. Mais on n'a pas trouvé pour cette complexité de droits et devoirs réciproques une de ces formules qui, en droit commun, représentent des complexités semblables et qui, constituées en unités et reconnues comme telles par la jurisprudence de vingt siècles, cachent sous le manteau uniforme de vente, de louage, de société, de mariage, un nombre bien variable et fort varié de droits et obligations. C'est par ces grandes classifications d'une logique inaltérable que le système incomparable du droit romain s'est emparé du monde civilisé au détriment des coutumes et institutions moins abstraites et moins logiquement classées des droits nationaux; c'est à elles qu'il faut tâcher d'avoir recours si on veut parvenir à une définition aussi claire et précise à la fois qu'internationale d'une des conventions de la vie pratique moderne, si complexes en apparence et parfois en réalité.

Rien n'en a été fait. Un projet, qui sûrement mérite toute préférence sur les autres, et par suite de son origine à laquelle ont contribué toutes les lumières d'une association internationale, et en raison de sa clarté irréprochable d'expression des idées qu'il défend — ce projet, disons-nous, que nous allons prendre pour exemple, se borne à énumérer le contenu du contrat d'édition en le définissant comme « une convention par laquelle l'auteur d'une œuvre intellectuelle s'engage à remettre cette œuvre à l'éditeur qui, de son côté, s'oblige à la publier, c'est-à-dire à la reproduire et à la répandre à ses frais, risques et périls. »

En effet, telle est la série d'opérations réelles qui (dans le cas le plus en usage et dont les autres variétés peuvent être omises pour le moment, pour ne pas surcharger de distinctions la discussion des principes), se passent par suite d'un contrat d'édition : on remet un manuscrit, etc., d'un côté ; de l'autre on le fait imprimer, répandre un peu partout, vendre où faire se peut, et on paie les frais de ces opérations. Mais ce sont les suites, c'est l'exécution d'un contrat d'édition ; ce n'en est ni l'objet ni le but.

L'objet de l'auteur, c'est faire usage de son œuvre en la publiant, et y gagner de l'argent. L'objet de l'éditeur, c'est faire usage de la même œuvre de l'auteur en la publiant, et y gagner de l'argent.

La vie de nos jours est assez compliquée en presque tous ses phénomènes pour qu'il faille assez souvent et même très régulièrement, pour la réalisation d'un bon et avantageux usage d'une chose ou entreprise quelconque, le concours d'une pluralité de personnes. Ces personnes y contribuent selon leurs forces et moyens ; elles participent aux bénéfices à un prorata équitablement établi : voilà l'essence de toute opération ou convention synallagmatique. On ne saurait donc hésiter à trouver bon que pour l'union des buts susdits de l'auteur et de l'éditeur, il y ait à trouver une formule équitable, comme pour toute autre opération qui soit analogue à celle de l'auteur et de l'éditeur en ce qu'elle voudra faire usage et exploiter une chose, un bien, en vue d'un rendement d'argent pour les deux parties.

Cela nous rapprochera des formules du droit commun ; nous trouverons, pour nous guider, des conventions parallèles. Mais avant tout faudra-t-il constater la présence des éléments de notre thèse plus en détail.

L'auteur a la propriété de son œuvre. Qu'en fera-t-il ? Il ne se contente pas de l'avoir conçue et élaborée, il veut la publier. Dans quel but ? Nous n'ignorons pas que c'est en général, ou du moins dans un grand nombre des cas, le désir de contribuer au développement de la civilisation, au culte du beau ou du vrai. Mais ce n'est pas là le seul but du moins de l'auteur dont nous avons plus spécialement à nous occuper. L'autre, celui qui se contente d'avoir fait connaître ses idées au profit du progrès de l'humanité et qui ne brigue pour toute récompense que quelques lauriers ou la conscience d'une bonne action, celui-là ne comparaîtra pas par devant notaire pour faire un contrat, ni plus tard en justice pour faire condamner son éditeur à une somme de...... Ce n'est pas lui qui intéresse les jurisconsultes désireux d'éclaircir cette branche du droit pour éviter les différends existants et à venir et propager l'esprit d'équité en matière d'intérêts, matériels et importants.

Or, nous ne disons rien de nouveau ou d'inouï en proclamant que l'objet de l'auteur, c'est de tirer avantage matériel de son œuvre. Nous rencontrerons moins encore d'opposition en prétendant que l'objet exclusif de tous ces industriels ou commerçants, qui s'appellent libraires-éditeurs, c'est de tirer un avantage matériel des œuvres des auteurs.

Voilà le positif de la thèse bien établi ; examinons le revers. Est-ce que ces objets-là épuisent l'intention économique qui guide l'une et l'autre des parties, ou en reste-t-il d'autres qui pourraient compliquer la prétendue simplicité et convergence de leurs fins ?

Il faudrait bien alors que de tels objets se détachassent de l'une des opérations qui forment régulièrement l'exécution des contrats d'édition et que nous avons énumérées plus haut. Or, l'auteur a-t-il le moindre intérêt à remettre son manuscrit à l'éditeur, ou celui-ci à le recevoir ? Ce n'est rien qu'une des actions mécaniques pour réaliser l'impression ; l'auteur donne son manuscrit à l'éditeur parce que c'est celui-ci qui doit le lire et l'avoir en mains pour en opérer l'impression, le brochage, l'envoi aux libraires, la vente. Après coup, voilà le manuscrit qui est enseveli dans les archives de l'un ou de l'autre des intéressés, parce qu'après l'existence d'un texte imprimé et bien plus lisible, ce papier n'a plus de valeur que pour les collections d'autographes. L'éditeur, de son côté, se plaît-il à faire imprimer, brocher, emballer, envoyer le livre ? Est-ce qu'il a le moindre intérêt, à un point de vue de droit, à ce qu'on passe par toutes ces opérations ? Ni lui ni l'auteur non plus. Tous les deux ne seraient-ils pas bien contents si déjà on avait inventé la machine américaine où d'un côté on jette les manuscrits et de l'autre on retire, non pas les exemplaires typographiés, (car cela s'inventera bientôt chez nos amis d'outre-mer), mais bien l'argent de la recette faite par la vente de ces livres ? Tous ces stages ne sont que subordonnés, comme articulations mécaniques indispensables mais pour cela non moins insignifiantes, au point de vue du droit, à l'objet unique des parties : de gagner de l'argent par l'œuvre de l'auteur.

On nous objectera peut-être que nous oublions les frais, risques et périls, éléments d'un caractère abstrait, mais néanmoins économique et matériel, et reconnus comme d'intérêt supérieur, même — et surtout — au point de vue du droit. Il n'en est rien pourtant. Le débours des frais, c'est, dans notre cas, encore une et rien qu'une des opérations que nous avons qualifiées de mécaniques, parce qu'elles ne sont pas immanentes à l'objet des parties. On sait bien qu'il y aura des frais de toute nature, soit en travail d'une certaine valeur de la part personnelle de l'auteur et de l'éditeur, soit argent comptant à payer aux typographes, aux metteurs, aux marchands de papiers, aux commis de correspondance et de comptabilité, aux vendeurs et jusqu'aux hommes de peine, et aux chemins de fer et aux postes. Mais l'objet du contrat d'édition, l'intention des parties contractantes n'est guère de dépenser de l'argent en frais, ce n'est que de *gagner* de l'argent : tant, si faire se peut, que les frais soient d'abord remboursés et qu'il en reste néanmoins quelque chose pour les intéressés au contrat : l'auteur et l'éditeur.

Nous profitons de suite de l'occasion pour démontrer, par cette même exégèse des velléités qui meuvent les parties, qu'il n'y a point de différence essentielle quant à la nature fondamentale du contrat, soit que l'auteur reçoive sa rétribution lors de la signature du contrat ou lors de l'émission ou du commencement de la vente ou pendant celle-ci, soit qu'il la reçoive en somme ronde ou au fur et à mesure des recettes, soit enfin qu'il contribue ou non aux frais. Les bénéfices, ainsi que les frais, risques et périls peuvent être répartis de part ou d'autre sans que la tendance principale du contrat soit altérée, sans que toutes les deux parties cessent de vouloir uniquement et exclusivement utiliser l'œuvre de l'auteur pour en faire de l'argent l'une et l'autre.

Il y a lieu à constater ici la conformité, en principe, d'une autre forme anormale d'édition : celle faite par l'auteur lui-même. Évidemment, la collaboration du libraire n'est pas de rigueur; l'auteur qui croit pouvoir se dispenser de ses bons offices se dispensera également du partage des recettes et se chargera de cette partie des obligations, frais et agissements qui en général incombe à l'éditeur. Nous n'allons pas examiner ici les désavantages que cette manière de voir aura presque toujours dans une société organisée comme la nôtre — il nous suffit que cette forme primitive des opérations, dont une forme plus développée et compliquée est l'objet de notre étude, ne présente pas des bases essentiellement différentes de la nôtre. C'est encore l'auteur voulant faire de l'argent par le moyen de son œuvre, qui passe par tous les stages constatés plus haut et fait faire, selon ses propres indications au lieu de celles de l'éditeur, mais par les mêmes auxiliaires et manœuvres techniques, toutes les opérations destinées et entreprises, à plus forte raison, pour conduire à son objet unique : la recette d'argent.

Chapitre II. — Classification en droit commun.

Nous venons d'épuiser l'étude de l'objet du contrat d'édition ; examinons maintenant d'abord la classe des contrats du droit commun dans laquelle cette nature, que nous lui avons trouvée, devra le placer. Assurons-nous ensuite quels sont les signes et qualités distinctives, s'il y en a, qui lui sont innés en opposition aux autres conventions du même genre général, et les règles spéciales de droit auxquelles il doit être soumis, et par son attribution à ladite classe et par suite de ses différences que nous venons de mentionner.

La participation des deux parties aux avantages de la publication de l'œuvre peut être réglée, nous l'avons vu, d'une façon assez variée. Au contraire y a-t-il dans tous les procédés pour réaliser l'édition, que nous venons d'examiner, une uniformité absolue à l'égard de la distribution des obligations entre les parties contractantes. C'est toujours l'auteur qui fournit la chose à exploiter, l'œuvre ; c'est toujours l'éditeur qui se charge des opérations consécutives jusqu'à la recette, de la publication ou de l'édition proprement dite.

Il y a bien des menues interpolations de travail de la part de l'auteur, au règlement desquelles on a parfois voué un soin considérable dans les projets de contrats-modèles dont nous parlions plus haut. Nous ne pensons pas à déconseiller qu'on soit toute attention à l'égard de la correction et révision des épreuves quand il s'agit d'écrire un contrat, ou contrat-modèle, ou même un projet de loi spéciale sur les contrats d'édition. Nous nous refusons toutefois à admettre que tout cela puisse entrer en considération lors d'une discussion des *principes* du droit d'édition. C'est à cause de ces services apparents de l'auteur qu'on lui a parfois attribué une obligation spéciale formant partie des quatre ou cinq obligations et droits réciproques dont la collectivité devait composer le contrat d'édition : πρόσθε λέων, ὄπιθεν δὲ δράκων, μέσση δὲ χίμαιρα. Nous verrons plus tard que, loin d'être un *essentiale* du contrat d'édition, c'est simplement un des *naturalia negotii*, et que le règlement de ce devoir de l'auteur ainsi que de celui « de signer le bon à tirer » s'ensuit sans mot dire du droit commun.

Qu'il nous soit permis de rappeler à la mémoire que toutes les fonctions de l'éditeur peuvent au besoin être remplies par l'auteur, bien que ce soit en général en diminuant les chances commerciales de l'entreprise. Ce n'est au contraire que cette partie minuscule des fonctions de l'auteur dont nous venons de parler qui puisse être exécutée par l'éditeur, s'il le veut bien, tandis qu'il ne pourrait pas suppléer au défaut de l'œuvre elle-même : c'est une preuve de plus que la correction de l'imprimé par l'auteur ne saurait être un trait essentiel de la nature de notre contrat. En y regardant de plus près, on s'apercevra d'ailleurs que la correction ne serait pas nécessaire du tout si ce n'était pas par suite des imperfections accidentelles de l'écriture et de l'imprimerie; un manuscrit réellement achevé et soigné devrait passer, sans autre correction que celle du prote, en imprimé définitif et correct; et le « bon à tirer », ce simple constat que les deux parties croient avoir épuisé toutes les précautions humaines pour éviter lesdites imperfections, n'apporte aucun élément nouveau, ni de novation ni de solution, aux conventions des parties.

Nous disions donc tout à l'heure que la répartition des rôles dans l'entreprise d'une édition établissait une différence constitutionnelle entre l'auteur et l'éditeur. L'auteur donne une chose, l'œuvre ; l'éditeur en fait un certain usage. En ajoutant les objets respectifs des parties, nous formulerons : L'auteur donne une chose et reçoit une rétribution ; l'éditeur en fait un certain usage et gagne par ce moyen de l'argent, il jouit de la chose, de l'œuvre.

Dans le cas que nous traitons, l'usage pour lequel l'auteur donne et l'éditeur prend l'œuvre, est déterminé : c'est la publication et vente de l'œuvre.

Or, les parties font cela en vertu d'un contrat, par lequel ils s'obligent mutuellement à ces prestations : le contrat d'édition.

Eh bien ! le contrat par lequel quelqu'un s'oblige à faire jouir un autre d'une chose, moyennant une rétribution promise, c'est un contrat de *louage de chose.*

Ajoutons aussitôt, pour compléter notre résultat, que tout ce qu'il y a de curieux et d'anormal, en vérité ou en apparence, dans ce contrat de louage de chose, qui s'appelle le contrat d'édition, est dû exclusivement à la nature curieuse et toute spéciale de la chose louée. Cette chose, étant immatérielle, doit nécessairement présenter quelques conséquences particulières et qui ne sauraient coïncider en tout détail avec celles des choses matérielles. Nous verrons, toutefois, qu'il n'en existe aucune différence qui surpasse celles qui sont constatées depuis des siècles, et reconnues inoffensives à la nature essentielle du louage de chose, à l'égard de certaines autres choses immatérielles, droits etc., loués.

Ajoutons ensuite que, du moment que l'usage concédé par l'auteur au preneur de l'œuvre, est déterminé différemment, il y aura d'autres baux dont les règles seront analogues à celles que nous allons établir ; nous retrouverons ces louages forcément, à maintes reprises, dans la suite de nos recherches. Tous ces contrats ont été, jusqu'ici, définis avec aussi peu de succès que celui d'édition, et demandent aussi impérativement que celui-ci, une reconnaissance générale de leur caractère dans le système du droit commun : nous parlons des contrats de représentation d'une œuvre littéraire ou musicale, au théâtre, au concert, à la conférence ; de ceux d'exposition d'une œuvre d'art, de sa reproduction par la photographie ou gravure, de son application comme ornement d'objets fabriqués; des contrats de traduction, d'adaptation, de réédition. Nous ne nous occuperons de tous ces contrats pour le moment, qu'autant qu'il y ait intérêt pour notre objet principal, en nous réservant d'être plus explicites dans un essai ultérieur, où nous appliquerons, en même temps, les résultats et conséquences de celui-ci à un autre domaine de la propriété intellectuelle, le droit des inventions, marques, dessins et modèles, établissant la nature analogue des contrats de « licence ». Pour tous ces droits, le droit éditorial servira de paradigme.

Chapitre III. — Le louage de l'œuvre.

La propriété intellectuelle, quoiqu'on en dise, n'est pas encore reconnue généralement comme une vraie propriété. Ce n'est que par les législations de quelques États, aussi inconnues que remarquables (Mexique, etc.), que le bien immatériel de l'œuvre est traité à l'égal d'un bien réel, d'une chose, et que les droits y adhérents sont réputés une vraie propriété, munie de toutes les qualités d'une telle, surtout de la perpétuité. Ce qu'en France et ailleurs on aime à appeler propriété littéraire, c'est un aggloméré de droits dont on a vainement cherché à bien fixer le caractère légal ; en d'autres pays, on a été du moins plus franc, en s'abstenant de décorer d'un titre bien sonnant et qui évoquerait l'idée d'un droit souverain et illimité, une jouissance restreinte par ci et par là, et accordée en maugréant, comme une sorte de privilège et d'aumône à la fois, sous condition et pour un temps limité.

Quoiqu'il en soit, le résultat de ces théories, pour l'objet du présent traité, est toujours le même. Les règles du louage d'un droit, peu détaillées par les législations anciennes et modernes, ne diffèrent en rien d'essentiel de celles qui régissent le louage des choses proprement dites. Par conséquent, qu'on veuille avoir affaire soit à une propriété, soit à un droit d'une nature complexe et insuffisamment déterminée, le principe du droit de louage s'applique à l'une comme à l'autre, et l'une et l'autre sont louables; nous pourrons donc poursuivre l'objet de notre investigation, sans nous perdre dans le labyrinthe des définitions du droit d'auteur. Et cela d'autant plus sûrement, parce qu'il y a la même qualité caractéristique et distinctive entre la propriété intellectuelle et celle du droit commun, qu'entre les droits de l'auteur et d'autres droits analogues qui admettent le louage : le rapport à une chose immatérielle. Les conséquences que comportera ce caractère spécial, se retrouveront donc également si nous suivons l'une ou l'autre théorie.

Mais rien ne nous oblige même à choisir. Ce qui nous occupe ici, ce n'est, en tous cas, qu'une partie des droits compris sous la dénomination de droits d'auteur ou émanant de la propriété intellectuelle; c'est exclusivement la partie de ces droits qui regarde les droits matériels, les intérêts économiques de l'auteur : sa faculté de disposer de la valeur et de l'usage économique de l'œuvre. Donc, comme notre vol ne s'élèvera pas aux hauteurs aériennes des rapports de l'esprit individuel de l'auteur avec son œuvre, mais restera sur le sol humble, mais solide, des deniers à gagner par cette même œuvre, nous ne toucherons point aux différences qu'établit le point de vue sus-mentionné. Car la partie économique du droit d'auteur, bien que ses quantités dépendent de l'étendue des droits qu'on attribue à l'auteur, est essentiellement la même en qualité, suivant les deux théories.

Après avoir ainsi éliminé des fins de la discussion ce qui ne lui appartient pas, nous aurons à examiner la nature d'une location des droits économiques qui s'attachent et se rapportent à une œuvre.

Le louage de chose est un contrat bilatéral, inégal, que toutes les législations du monde civilisé ont réglé presque uniformément. Il y a bien deux théories principales, dont l'une établit pour le preneur un droit réel sur la chose louée, un *jus in re* que l'autre ne lui alloue pas, ne lui reconnaissant qu'un simple droit personnel et mobilier. La première opinion, qui est la base, par exemple, du nouveau projet du Code civil allemand, comme elle l'est actuellement du droit civil de la Prusse, n'est défendue en France que par Troplong, et n'a pas trouvé l'approbation générale. Si on adoptait cette manière de voir, il est certain que quelques-unes de nos déductions suivantes devraient être modifiées jusqu'à un certain point (v. surtout chap. v, au nos 53, 55), à cause de la nature spéciale de la chose louée : car le bail d'une chose immatérielle ne saurait porter aussi visiblement que celui d'une chose tangible, les traces du rapport intime qui attache les droits réels sur la chose à celle-ci. Mais nous nous réservons de le prouver en son lieu, à ceux que cela regarde de plus près à cause de leur législation actuelle ou future, qu'il n'y aura point de distinction importante à faire qui empêche d'appliquer, dans la plupart des cas, ce que nous allons exposer ici sur la base du droit commun français, qui ne diffère pas, dans ses points essentiels, de la théorie romaine.

D'après ce droit, le louage des choses est un contrat par lequel l'une des parties s'oblige à faire jouir l'autre d'une chose, pendant un certain temps et moyennant un certain prix, que celle-ci s'oblige à lui payer (art. 1.709, code civil). Les règles qui dérivent de cette base et l'interprétation qu'il faut donner à ses différentes parties sont, pour la plupart, aussi fixes et dépourvues de contestation que possible. Nous montrerons donc qu'elles s'appliquent presque toutes sans aucune transformation — et un petit nombre par application analogue bien motivée — au contrat d'édition tel qu'il existe *toto die* dans la vie pratique. Pour être bien exacts, et pour en faciliter le contrôle, nous avons imaginé la méthode suivante : nous allons copier tout le texte — avec omission seule des questions de détails absolument inséparables de certains baux spéciaux, et qui n'apportent aucune lumière à la généralité — d'un traité succinct, mais qui épuise la matière du louage ; et nous mettrons, dans chaque disposition ou distinction, les termes correspondants du droit d'édition à la place de ceux du bail commun, en ajoutant des déterminations ou exemples démonstratifs des cas parallèles du contrat d'édition. Nous choisirons, au hasard, comme texte à glosser ainsi, celui du Formulaire Raisonné du Notariat, par Edmond Clerc (1), qui est un manuel élémentaire, ce qui nous soumettra au contrôle de tout le monde, à l'égard de ce que nous venons d'avancer. Ce traité nous donne l'avantage qu'il n'y aura rien de superflu ou contesté, et qu'il n'y manquera rien de ce qui est bien établi comme essentiel ou usuel.

Nous invitons tout spécialement, non seulement nos confrères jurisconsultes, mais aussi les gens des arts et industries intéressés, auteurs, artistes et éditeurs, à examiner l'état des choses, tel qu'il se déploye par la simple transcription des formules du droit de louage en termes de droit d'édition. Ils verront des dispositions légales toutes conformes aux stipulations d'usage, satisfaisantes pour les besoins de cette industrie importante de la librairie, aussi bien que pour les justes aspirations des gens de lettres. S'il en est ainsi, voilà la loi sur le contrat d'édition toute trouvée et qui — s'il en faut : un arrêt de la Cour de Cassation aurait le même effet — consisterait dans un tout petit paragraphe à insérer dans l'article 1711 du Code civil, derrière celui du bail à cheptel :

(On appelle) *contrat d'édition le bail d'une œuvre litté-*

(1) Edition de 1881, Paris, Marchal, Billart et Cie.

raire, d'art graphique ou de musique, par voie de publication.

Nous prétendons, pour les raisons démontrées dans nos deux premiers chapitres, et appuyées sur la preuve de l'identité des règles du bail avec la pratique actuelle qui va suivre au cinquième chapitre, que la reconnaissance, soit par la loi, soit par la jurisprudence, du contrat d'édition comme louage de certaines choses, suffirait pour pourvoir ce contrat de ce qui lui manque jusqu'ici : d'une épine dorsale qui le tienne debout, d'une position déterminée dans le système du droit commun. Ce n'est que celle-ci qui permette au juge, en cas de différend et d'obscurité de l'intention des parties, de puiser des raisons non plus dans le vague de la soi-disante équité ou des usages, qui manqueront justement dans les cas douteux d'être précis, mais dans la source limpide et pure des principes du droit commun. Bien entendu, ce n'est pas là une formule qui contraigne dans une seule règle inébranlable la variété des contrats surnommés d'édition ; les règles générales des baux sont tellement larges, et comprennent, elles mêmes, une telle variété de situations et dispositions dans leur propre sphère d'action, que nous croyons ne pas trop dire qu'on va trouver, dans le suivant traité des deux droits parallèles, les modèles de toutes les formes de contrat d'édition dont se sert la pratique du commerce littéraire et de l'industrie des libraires. Il y a lieu, dans le système proclamé, pour tous les desiderata de la vie intellectuelle, et la libre disposition des parties intéressées déterminera seule en premier lieu ce qui doit régir leurs droits et obligations réciproques : mais, à défaut de convention, on saura désormais où trouver les règles suppléant à cette lacune, parmi lesquelles, il est utile de s'en souvenir, on retrouvera à maintes reprises les coutumes ou usages de la branche spéciale ou du lieu de solution, desquels la décision dépendra. Il y aura donc toujours lieu et place pour la codification des coutumes, mais il suffira, dès lors, de leur concéder le même rang qu'aux autres coutumes de commerce ou d'industrie, dont ils partageront le rôle dans le système légal de chaque pays.

CHAPITRE IV. — LE PRÉTENDU CONTRAT COMPLEXE.

Avant d'aborder enfin la preuve de nos assertions par les traités parallèles sur le contrat de bail et celui d'édition, prélevons l'objection la plus sérieuse qu'on puisse, à notre savoir, faire à la théorie que nous proclamons, objection que nous qualifions d'importante parce qu'elle constitue la différence entre notre opinion et celle qui lui est la plus rapprochée que nous connaissions.

A l'occasion d'une critique des projets de lois et de contrats-modèles d'édition publiés en Allemagne, l'auteur du plus récent de ces projets, Osterrieth (1), trouve dans le contrat d'édition, les éléments d'un louage des droits économiques de l'auteur, guidé par des réflexions semblables à celles de nos premiers chapitres. Mais il veut, comme tous ses prédécesseurs, que ce contrat soit complexe; il prétend qu'outre le bail, il y ait un second contrat qu'il qualifie de mandat. Ce second contrat, il le trouve dans les agissements de l'éditeur à l'égard de la publication de l'œuvre ; il veut y voir une représentation de l'auteur par l'éditeur. Si force nous était de reconnaître l'existence d'un pareil contrat collatéral, se confondant intimement avec la convention principale du bail, nous opterions pour la qualité de louage d'ouvrage qu'il faudrait alors, croyons-nous, voir plutôt dans ces agissements pour faire la publication, ou de louage de service, si on veut relever l'idée que l'auteur ne

(1) Osterrieth, droit d'auteur et droit d'édition, dans les « Archives de droit public », tome VIII. (Fribourg (Bade) 1893, chez J. C. B. Mohr)

fait que commander l'impression, le brochage, l'envoi, la mise en vente ; ce sont certainement des services, du point de vue de l'auteur, que tous ces agissements commerciaux dont l'éditeur se charge. Pour constituer un mandat, il faudrait, à notre avis, que l'éditeur n'y ait aucun intérêt personnel, qu'il ne fît rien que représenter les droits et intentions de l'auteur. Or, il nous paraît incontestable que cela n'est point le cas, que l'éditeur a, au contraire, un intérêt légitime dans toutes ces opérations, selon les intentions des parties, bien que d'après la théorie que nous critiquons en ce moment (1), et suivant toutes les opinions publiées, l'auteur y ait un intérêt concurrent.

Mais il n'y a ni louage de services, ni louage d'ouvrage, ni mandat ; il n'y a point de second contrat entrelacé aux dispositions du premier, du bail de chose.

De cette complexité de droits multiples qui composent le droit de propriété, une partie déterminée est la jouissance. Cette jouissance peut être plénière, comme l'usufruit ; elle peut être restreinte à un certain but, à un certain mode de jouir. C'est dans cette seconde forme qu'elle se présente dans le bail à loyer, dans le bail à ferme, dans le bail à cheptel, etc. Le premier de ces contrats s'occupe d'un *usage* d'une chose seulement, et même seulement d'une espèce déterminée d'usage, de l'habitation. Le bail à ferme comprend un *usage* et une *jouissance*, l'habitation, la culture, la perception des fruits. Mais la qualité de cet usage et de cette jouissance, peuvent singulièrement varier, selon la nature de la chose exploitée — peu importe en théo-

(1) Ce qui d'ailleurs fait la différence la plus importante entre l'opinion d'Osterrieth et la nôtre, c'est que son bail n'est autre chose que la cession de la *totalité* de la jouissance économique. Il répudie lui-même ensuite la conséquence irréfutable de cette théorie que le droit de traduction et de l'adaptation serait abandonné à l'éditeur ; il omet de statuer la même conséquence impossible à l'égard de la jouissance par la représentation, etc. Son bail n'est tel que de nom.

rie de droit, beaucoup en économie pratique, s'il s'agit d'un champ de betteraves ou d'une mine de cuivre, d'une villa avec parc ou d'une place aux Halles Centrales, d'un appartement orné de glaces ou d'une usine à vapeur. L'un et l'autre se louent ; le Code dit uniformément que c'est à faire jouir le preneur que le bailleur s'oblige, pour un certain temps et moyennant un certain prix. La vie pratique caractérise au contraire ces jouissances d'agriculture, d'exploitation minière, d'habitation, d'achalandage, de fabrication selon leur situation, forme, durée, étendue, selon les personnes contractantes on pourra deviner, selon la stipulation, on pourra savoir quelle a été l'intention des parties à l'égard de cette jouissance, quel genre de jouissance elles ont voulu concéder et acquérir. Cela sera extrêmement important pour déterminer en détail les droits et obligations des deux parties, sans rien changer, cependant, au caractère légal fondamental de ces mêmes droits et obligations, qui restera nécessairement le même dans tous ces cas hétérogènes.

Ainsi, le bailleur participera-t-il (dans le cas fréquent où il reçoit son prix en fruits) nécessairement à toutes ces industries, ou du moins à la réalisation commerciale de toutes ces différentes denrées reçues, sans que pour cela la loi y voie un contrat spécial quelconque, comme une livraison ou vente ou échange ou cession (faits de la part du preneur au bailleur), qui soit entremêlé à celui du bail. De même, pour exploiter une fabrique, disons par exemple une tuilerie louée, le preneur doit engager des ouvriers, des ingénieurs, des machinistes ; il doit acheter des machines à force motrice, à drainage, à ventilation, à former, à presse ; il doit faire ou faire faire des démarches multiples auprès des autorités, il doit louer des trains ou wagons de chemin de fer, des bateaux, des chariots, des bêtes de somme. Quoiqu'il en fasse — est-ce que pour cela, du point de vue du droit, il cesse d'être preneur de bail, et rien que cela? Le bailleur y a tout intérêt possible, au point de vue économique; il ne regardera qu'en maugréant si le preneur cessait d'entretenir le drainage des gisements, ou s'il laissait se disperser la clientèle par l'abandon de l'exploitation. C'est donc du devoir d'entretien du preneur, de l'usage à faire de bonne foi, selon la destination et les circonstances de la chose, que dérivera toute l'interprétation des droits et devoirs du bailleur et du preneur, que la formule légale comprend toujours sous la simple notion unique de louage de chose. L'intention des parties, c'est que l'un jouisse — nous l'avons vu, d'une façon variée, — que l'autre reçoive un prix — argent, denrées, celles-ci aussi variées peut-être que les genres d'exploitation: les rapports de l'un et de l'autre ne seront guère pour cela regardés, en jurisprudence, comme mandat ou louage de services, ou louage d'ouvrage, ou échange, ou achat, ou livraison.

Est-ce trop dire, alors, que tous les agissements de l'éditeur pour exploiter une œuvre louée de bonne foi, selon l'intention des parties, ne changent rien et n'ajoutent rien à son caractère de preneur d'un bail de chose, exécutant simplement ses engagements émanant directement du contrat principal? Voilà comment nous envisageons l'impression et la préparation de la vente. Ce sont les devoirs inséparables du but, de la réalisation de la jouissance par voie de publication et vente, telle qu'elle a été envisagée par les parties; cette intention est suffisamment prouvée par le seul fait d'avoir conclu, d'une façon quelconque, un contrat auquel aura été donné la dénomination « d'édition. »

En effet, on ne saurait douter qu'il soit bien légitime de réclamer la publication effective comme partie du bail de l'œuvre: c'est la destination de l'œuvre d'être publiée, sauf des cas spéciaux qui ne se présument jamais, et ne s'admettent même plus dès que l'auteur s'est dessaisi du manuscrit ou a contracté avec un éditeur. Mais cette partie, ce *naturale* du bail dit contrat d'édition, est loin d'en être l'objet. L'objet du bail, c'est la jouissance pour le preneur, la recette du prix pour le bailleur. La chose louée et sa destination naturelle ne jouent leur rôle important que pour déterminer les modalités de la jouissance. En partie : il reste d'autres circonstances également influentes, qu'il faudra encore consulter. Celui qui aura reçu en bail le manuscrit d'un opéra comique, sans que la destination ait été déterminée, pourra en jouir en se délectant tous les jours à le lire, à le chanter, à se le faire lire ou chanter, à le faire lire ou chanter ou jouer par ou pour ses amis ; il pourra en vendre des copies, en faire des concerts ou représentations publics, en publier le texte et la musique, entiers ou par parties ; enfin pourra-t-il le supprimer, soit contre un paiement extorqué à la personne persiflée par le texte, ou payé volontiers par un concurrent jaloux. Le louage pourrait donc comprendre l'un ou l'autre, ou plusieurs de ces modes de jouissance; mais si le preneur est éditeur, ou si le contrat est dénommé « d'édition », ces circonstances seules élimineront, sauf stipulation contraire, toute autre forme de jouissance que celle par la publication et la vente.

Chapitre V. — Traité raisonné.

Des Baux.	**Du Contrat d'édition.**
Sect. Ire. — Caractère du contrat de louage.	Sect. Ire. — Caractère du contrat d'édition.
1. Le louage *des choses* est un contrat par lequel l'une des parties s'oblige à faire jouir l'autre d'une chose, pendant un certain temps et moyennant un certain prix que celle-ci s'oblige à lui payer (art. 1709, C. civ.)	1. Le contrat d'édition est un contrat par lequel l'une des parties s'oblige à faire jouir l'autre d'une œuvre, par la publication et vente de celle-ci, pendant un certain temps et moyennant un certain prix que l'autre s'oblige à lui payer.
2. Ainsi, c'est un contrat synal-	2. Ainsi, c'est un contrat synal-

lagmatique et commutatif, dans lequel les avantages, comme les obligations, sont réciproques, et qui, par conséquent, ne peut intervenir qu'entre deux ou plusieurs personnes.	lagmatique et commutatif, dans lequel les avantages, comme les obligations, sont réciproques, et qui, par conséquent, ne peut intervenir qu'entre deux ou plusieurs personnes.
3. Il ne faut pas confondre le bail avec la vente de fruits et récoltes. Le bail n'a pour objet qu'un droit incorporel, celui de cultiver et de jouir ; la vente de fruits, au contraire, a pour objet des corps certains, qui sont les fruits vendus.	3. Il ne faut pas confondre le contrat d'édition avec la vente des exemplaires d'une édition. Le contrat d'édition n'a pour objet qu'un droit incorporel, celui de publier et de jouir ; la vente des exemplaires, au contraire, a pour objet des corps certains, qui sont les livres vendus.
4. Il faut aussi distinguer le bail à long terme, ou le bail à vie, de la constitution d'usufruit.	4. Il faut aussi distinguer le contrat d'édition à long terme, ou à vie, de la constitution d'usufruit (qui embrasse, outre la jouissance par voie de publication, toute autre sorte de jouissance de l'œuvre, telles que le droit de représentation, traduction, transformation — et la perception des bénéfices qui résultent de ces droits.)
SECT. II. — DES RÈGLES COMMUNES AUX BAUX DES MAISONS ET DES BIENS RURAUX.	SECT. II. — DES RÈGLES FONDAMENTALES DU CONTRAT D'ÉDITION.
Art. 1er. — Des choses qui peuvent être la matière du contrat de louage et des personnes qui peuvent le former.	*Art. 1er. — Des choses qui peuvent être la matière du contrat d'édition et des personnes qui peuvent le former.*
7. On peut louer toutes sortes de biens meubles et immeubles (art. 1713, C. civ.) ; mais il faut que ces biens soient dans le commerce	7. On peut louer toutes sortes de biens immatériels, et par conséquent d'œuvres littéraires et artistiques, mais il faut que ces biens soient dans le commerce. Voilà pourquoi ce qui est de propriété publique comme le texte des lois, les discours et débats des assemblées législatives, les œuvres classiques et

toutes celles qui, selon les lois spéciales régissant la propriété intellectuelle, sont tombées dans le domaine public, ne sauraient plus être l'objet d'un contrat d'édition. Leur impression et vente formant l'objet d'une convention constituera pour celle-ci un caractère différent de celui du contrat d'édition : il y aura société, location d'ouvrage ou de services selon les dispositions respectives, à cause du manque de l'œuvre de propriété privée, de la chose baillée par son propriétaire qui soit donnée en jouissance.

et que leur usage n'ait rien de contraire aux bonnes mœurs. Il y a cependant des biens qui ne sont pas dans le commerce et qui peuvent être loués, comme les places publiques, les halles et marchés.

Il faut également que la publication et vente d'une œuvre n'ait rien de contraire aux bonnes mœurs. — Il y a cependant des œuvres qui ne sont pas dans le commerce et qui peuvent être l'objet d'un contrat d'édition, comme le texte des lois dans certains États (1), les travaux préparatoires des Codes, les pharmacopées officielles, les cartes des états-majors, etc. La raison en est que l'État en a fait sa chose particulière et traite à leur égard comme un particulier, comme il le fait en matière des postes et surtout des places publiques, halles et marchés.

8. Le droit de chasse et celui de pêche peuvent être loués, comme

8. 9. 10. Les baux de chasse, de pêche, d'exploitation d'une mine ou

(1) Dans certains États de l'Amérique du Sud, le Chili par exemple, le Gouvernement se réserve le droit d'autoriser l'édition des textes des lois, pour éviter des éditions inexactes, et exerce des droits pareils à ceux d'un auteur.

nous aurons, dans la suite, occasion de l'expliquer.

9. Le droit d'exploiter une mine ou une carrière peut être l'objet d'un bail.

10. Il en est de même pour les bois, lorsqu'ils sont en coupes réglées.

13. En général, le contrat de louage ne peut intervenir qu'entre personnes capables de contracter. Mais il n'est pas nécessaire d'avoir la capacité de disposer de la chose, pour pouvoir en faire bail : il suffit d'en avoir l'administration. Ainsi, la femme, *pour les biens dont elle a l'administration,* le mineur émancipé, l'individu pourvu d'un conseil judiciaire, peuvent louer leurs biens personnels, *pour neuf ans et au-dessous,* sans avoir besoin de l'autorisation de leur mari, curateur ou conseil. (Art. 1449, 481 et 513, C. civ.)

14. Le mari et le tuteur ont le droit de louer les biens de la femme, du mineur ou de l'interdit, sous les restrictions expliquées à l'article suivant. (Art. 1428, 450 et 1718, C. civ.) (1).

carrière et d'un bois à coupes réglées sont bien rapprochés du contrat d'édition.

13. En général, le contrat d'édition ne peut intervenir qu'entre personnes capables de contracter. Mais il n'est pas nécessaire d'avoir la capacité de disposer de l'œuvre pour pouvoir passer un contrat d'édition ; il suffit d'en avoir l'administration. Ainsi, la femme séparée de corps et de biens, le mineur émancipé, l'individu pourvu d'un conseil judiciaire, peuvent faire un contrat d'édition à l'égard d'une œuvre qui leur appartient, pour neuf ans et au-dessous, sans avoir besoin de l'autorisation de leur mari, curateur ou conseil.

14. Mais le mari et le tuteur n'ont le droit de conclure un contrat d'édition au sujet d'une œuvre appartenant à la femme, du mineur ou de l'interdit, que s'il s'agit d'une œuvre créée par un tiers. Du moment que la femme, le mineur ou l'interdit sont les auteurs de l'œuvre, leur droit de protection contre tout abus de leur création empêchera l'exercice, sans leur consentement exprès ou tacite, des droits qu'auraient sans cela les personnes chargées de l'administration de leurs biens, sous les restrictions expliquées à l'article suivant (1).

(1) Les nos 30-37 qui contiennent ces réserves ont été omis ici, parce que ces questions n'ont pas d'intérêt pour la matière qui nous occupe.

15. L'usufruitier, sous la même réserve, peut louer les biens soumis à son usufruit. (Art. 595, C. civ.)	15. L'usufruitier, sous la même réserve, peut faire un contrat d'édition à l'égard d'une œuvre soumise à son usufruit.
17. Les baux consentis de bonne foi par l'héritier apparent doivent être maintenus pour toute leur durée. (Troplong. *Louage*, n° 98 ; Cass., 19 nov. 1838 ; Dalloz, *Louage*, 55.)	17. Les contrats d'édition consentis de bonne foi par l'héritier apparent doivent être maintenus pour toute leur durée.
18. Le propriétaire dont les biens sont hypothéqués en conserve l'administration et même la disposition : il peut, par conséquent, les louer même à longues années et par anticipation. (Toullier, t. 6, n° 365, et t. 7, n° 81 ; Grenier, *Hyp.*, n° 142 ; Carré, sur l'art. 690, C. proc. ; Troplong, V. *infrà* n° 37.)	18. L'auteur dont les biens sont hypothéqués peut néanmoins faire un contrat d'édition, même à longues années et par anticipation.
19. C'est aux créanciers qui se plaignent à prouver la fraude. (Toullier, *ibid.*; Dijon, 26 nov. 1816.)	19. C'est aux créanciers qui se plaignent à prouver la fraude.
21. Le failli, étant dessaisi de l'administration de ses biens, ne peut les louer. (Art. 443, C. com.)	21. Le failli, étant dessaisi de l'administration de ses biens, ne peut conclure un contrat d'édition.
22. Le tuteur ne peut prendre à ferme ou à loyer les biens du mineur ou de l'interdit, sans que le conseil de famille ait autorisé le subrogé tuteur à lui en passer bail. (Art. 450, C. civ.)	22. Le tuteur ne peut être l'éditeur des œuvres du mineur ou de l'interdit, sans que le conseil de famille ait autorisé le subrogé-tuteur à lui en passer contrat.
23. Celui qui n'a qu'une propriété *indivise* dans une chose, ne peut la louer en totalité ; il ne pourrait même, sans le concours de ses copropriétaires, louer la portion indivise qui lui appartient. (Merlin, *Quest.*, v° *Location* ; Duvergier, n° 87 ; Troplong, n° 100.)	23. Celui qui n'a qu'une propriété indivise dans une œuvre ne peut passer un contrat d'édition sur la totalité de cette œuvre ; il ne pourra même, sans le concours de ses copropriétaires, le faire à l'égard de la portion indivise qui lui appartient.
24. Si l'un des propriétaires re-	24. Si l'un des propriétaires re-

fuse de consentir au louage de la chose commune, les autres peuvent procéder en justice à la licitation du bail. (Pigeau, t. 2, p. 699; Toullier, t. 12, n° 106.)

Art. 2. — Durée du louage.

27. En général, la durée du bail dépend de la volonté des parties contractantes, sauf les restrictions imposées par la loi, et que nous ferons connaître. Cependant la jouissance du preneur ne saurait être perpétuelle. (Troplong, n° 4)

28. Les parties peuvent stipuler que la durée du bail dépendra de la volonté, soit du bailleur, soit du preneur, soit de l'un et l'autre.

29. A défaut de stipulation précise sur la durée du bail, c'est l'usage des lieux qui doit servir de guide (C. civ. 1736), sauf ce qui sera dit particulièrement des baux ou héritages ruraux.

Art. 3. — Prix du louage.

38 Il ne peut y avoir de bail sans un prix *sérieux;* mais quelle que soit la vileté de ce prix, il n'y a pas lieu à rescision pour cause de lésion (Pothier, Duvergier, n°s 101 et 102; Troplong, n° 3; Douai, 24 juill. 1865, D. P. 66.2.29), même pour le bail fait par un tuteur, sauf le cas de fraude. (Cass., 11 août 1818; Dalloz, *Louage*, 99.)

fuse de consentir au contrat d'édition à l'égard de l'œuvre commune, les autres peuvent procéder en justice à la licitation du droit d'édition.

Art. 2. — Durée du droit d'édition.

27. En général, la durée du droit d'édition dépend de la volonté des parties contractantes sauf les restrictions imposées par la loi. Cependant la jouissance de l'éditeur ne saurait être perpétuelle, même si les lois accordaient la perpétuité de la propriété littéraire ou artistique à l'auteur.

28. Les parties peuvent stipuler que la durée du droit d'édition dépendra de la volonté, soit de l'auteur, soit de l'éditeur, soit de l'un et l'autre.

29. A défaut de stipulation précise sur la durée, c'est l'usage des lieux qui doit servir de guide, sauf ce qui sera dit plus bas à l'égard des termes imposés par la nature de l'œuvre à publier.

Art. 3. — Prix du droit d'édition.

38. Il ne peut y avoir de contrat d'édition sans un prix sérieux; mais quelle que soit la vileté de ce prix, il n'y a pas lieu à rescision pour cause de lésion, même pour le contrat fait par un tuteur, sauf le cas de fraude. Du moment qu'il n'y a absolument aucun prix, le contrat doit donc être envisagé comme donation de jouissance faite par l'auteur à l'éditeur, ou, selon les circonstances, comme louage d'ou-

vrage ou de services : en effet, du moment que l'idée d'une donation doit être abandonnée par défaut d'intention libérale de la part de l'auteur, il faut supposer que celui-ci ait loué les services de l'éditeur pour publier l'ouvrage moyennant abandon des bénéfices de la vente au profit de l'éditeur serviable, ou qu'il ait fait la commande de la reproduction et publication à celui-là contre l'abandon de tous les exemplaires ainsi produits dont l'éditeur pourra ensuite librement disposer à son propre profit. Ces cas sont d'ailleurs assez rares : il y aura en général un prix sérieux en faveur de l'auteur même au cas où celui-ci payerait une partie des frais de l'impression par-dessus le marché. Il faut envisager comme un tel prix l'intérêt matériel que comporte pour la fortune de l'auteur la divulgation de son œuvre. Les bénéfices ultérieurs, les conséquences matérielles qu'amène, par exemple, le succès de la première édition pour la situation financière de l'auteur et la valeur marchande des éditions à venir, peuvent dépasser de beaucoup le prix direct qu'il aurait pu obtenir de l'éditeur de la première édition. Qu'on ne veuille pas objecter, que ces avantages ne sont pas connexes aux objets de la convention : l'œuvre, la chose louée, est directement améliorée, au point de vue économique, et sa force productive, sa valeur comme objet de jouissance est augmentée par la première publication. Si telle n'était pas, du moins, l'idée de l'auteur, il n'aurait pas accepté ces conditions ; il ne faut pas oublier, qu'il jouira de son œuvre de toutes les façons énumérées plus haut au n° 4, et non seulement par une seconde édition ; il profitera ainsi peut-être de la divulgation de son œuvre parce que celle-ci permet à un traducteur, à un directeur de théâtre, etc., de lui faire des offres avantageuses. — Toutes ces conventions sont donc lucratives, malgré les apparences purement onéreuses ; nous en citerons des parallèles de baux communs où personne ne niera que c'est comme cela. Un propriétaire d'un gisement de pétrole ou d'une source hygiénique, donnera la jouissance de ses propriétés à un entrepreneur contre l'obligation seule de celui-ci de faire les puits nécessaires pour l'exploitation régulière du pétrole ou d'entreprendre les travaux pour la captation parfaite de la source : c'est un bail de chose dont le prix se compose de travaux et dépenses utiles. Au contraire, un propriétaire d'une villa avec parc et jardin potager louera les services d'un gardien moyennant la jouissance dudit jardin qu'il lui concède. Ce n'est que l'intention prédominante des parties qui décidera pour ces conventions limitrophes s'il faut les classer entre les louages de choses, comme le contrat de la source, ou parmi les louages de services, comme celui de la villa. — Comme vrais exemples de ce dernier genre en matière d'éditions, nous citerons les publications de la société contre l'abus du tabac, de celle pour la propagation de livres utiles, etc.; mais ce sont tous des cas tout à fait exceptionnels et bien rares.

39. En général, le prix du bail doit être certain et déterminé. Il peut néanmoins être laissé à l'arbitrage d'un tiers. (Art. 1592, C. civ.)

39. En général, le prix du droit d'édition doit être certain et déterminé. Il peut néanmoins être laissé à l'arbitrage d'un tiers.

40. On peut stipuler que le prix du bail à ferme ou à loyer sera payable en denrées. (Duranton, n° 10 ; Troplong, n° 3.)

40. On peut stipuler que le prix du droit d'édition sera payable en denrées, notamment en exemplaires imprimés de l'œuvre.

41. Un bail, même de plusieurs années, peut être fait pour un prix unique. (Pothier, n° 4.) Troplong, n° 22, pense qu'alors il aurait plutôt le caractère d'une vente.

41. Un contrat d'édition, même pour une durée de plusieurs années, peut être fait pour un prix unique. (Mais il faut considérer comme règle le paiement par époque d'exercice du droit loué, voire par édition. V. chap. VI.)

42. Le pot-de-vin, pour peu qu'il soit considérable, est regardé comme faisant partie du prix du bail. (Proudhon, *Usufr.*, n° 1213 ; *Encycl. not.*, v° *Bail*, n° 72.)

42. Les provisions, pour peu qu'elles soient considérables, sont regardées comme faisant partie du prix.

Art. 4. — Forme du bail.

Art. 4. — Forme du contrat d'édition.

43. En général, les baux ne sont assujettis à aucune forme spéciale. On peut louer par écrit ou verbalement (art. 1714, C. civ.), par acte sous seing privé ou par acte authentique, même pour les biens des mineurs ou autres incapables. (Cass., 11 août 1818.)

43. En général les contrats d'édition ne sont assujettis à aucune forme spéciale. On peut les passer par écrit ou verbalement, par acte sous seing privé ou par acte authentique, même pour les biens des mineurs ou autres incapables.

45. Il faut excepter de la règle commune les baux des établissements publics, qui doivent se faire aux enchères.

45. Il faudra peut-être excepter de la règle commune les éditions des publications officielles de l'État, des municipalités, etc., qui devront

se faire aux enchères par suite des dispositions du droit administratif.

Art. 5. — Obligations du bailleur.

§ 1er. — Délivrance de la chose au preneur.

47. Cette obligation est de l'essence du contrat (art. 1719, C. civ.)

Le bailleur doit délivrer la chose en bon état de réparations de toute espèce (art. 1720, C. civ.), ce qui comprend les réparations même simplement locatives. Il faudrait une convention formelle pour l'affranchir de cette obligation. (Troplong, n° 164 ; Duvergier, n° 278.)

48. Le preneur a une action pour contraindre le bailleur à exécuter le contrat, et, par conséquent, à lui faire la délivrance de la chose louée. Cette action était appelée, sous le droit romain, *actio conducti* ou *ex conducto*.

49. Si le bailleur a la possibilité de délivrer la chose louée, il ne peut pas s'affranchir de cette obligation en offrant des dommages-intérêts. S'il refuse, on peut suppléer à son consentement par l'action de la justice. (Troplong, n° 169 ; Duvergier, n° 286 ; Cass., 3 avril 1838 ; Dalloz, *Louage*, 80.)

50. Mais lorsque le bailleur est dans l'impossibilité de délivrer la chose louée, soit parce qu'elle ne lui appartient pas, soit pour toute

Art. 5. — Obligations de l'auteur.

1er. — Délivrance de l'œuvre à l'éditeur.

47. Cette obligation est de l'essence du contrat. L'auteur (ou ses héritiers ou ayants cause) doivent délivrer l'œuvre en état, complète et prête à être publiée. Il faudrait une convention formelle pour les affranchir de cette obligation. C'est de cette obligation que résulte le devoir de l'auteur de surveiller l'exactitude du texte imprimé dont nous avons parlé au chap. II.

48. L'éditeur a une action pour contraindre l'auteur à exécuter le contrat, et par conséquent, à lui faire la délivrance de l'œuvre (*actio conducti*).

49. Si l'auteur a la possibilité de délivrer l'œuvre, il ne peut pas s'affranchir de cette obligation en offrant des dommages-intérêts. S'il refuse, on peut suppléer à son consentement par l'action de la justice autant que faire se peut en vertu des règles de la procédure, par exemple en saisissant soit le manuscrit soit une autre édition que l'auteur en ait fait ailleurs, et en s'opposant à celle-ci s'il y a lieu.

50. Mais lorsque l'auteur est dans l'impossibilité de délivrer l'œuvre, soit parce qu'elle ne lui appartient pas soit pour toute autre

autre cause, le preneur ne peut exiger que des dommages-intérêts.

51. Il y a également lieu à des dommages-intérêts, lorsque le bailleur a apporté du retard à la délivrance de la chose louée. (Art. 1147, C. civ.)

52. L'obligation de délivrer la chose louée s'étend à ses accessoires ; par exemple, si c'est une ferme, le bailleur doit la délivrer avec les fumiers, pailles et fourrages qu'il est dans l'usage de la localité de laisser au fermier pour l'exploitation. (Pothier, n° 54 ; Troplong, n° 160; Duvergier, n° 273.)

53. Entre deux preneurs, ayant chacun un bail pour la même chose, la préférence est due à celui qui a été mis en possession de bonne foi, sans égard à la date des contrats. (Pothier, n° 63 ; Duvergier, n° 283 ; Duranton, n° 143.)

Contrà Merlin, *Rép.*, v° *Bail*, § 6, n° 9 ; Troplong, n° 500.

55. Si aucun des deux preneurs n'est encore entré en jouissance, la date des titres doit déterminer la préférence, pourvu que cette date soit certaine. (Pothier, *loc. cit.;* Duvergier, n° 284).

§ 2. — Entretien de la chose louée.

56. Le bailleur doit, pendant la durée du bail, entretenir la chose louée en état de servir à l'usage pour lequel elle a été louée (art. 1719, C. civ.) et y faire toutes les réparations qui peuvent devenir

cause, l'éditeur ne peut exiger que des dommages-intérêts.

51. Il y a également lieu à des dommages-intérêts, lorsque l'auteur a apporté du retard à la délivrance de l'œuvre.

52. L'obligation de délivrer l'œuvre s'étend à ses accessoires. Par exemple, si c'est un livre dont le texte fait mention de tables de figures annexées, de cartes topographiques ou autres gravures, il doit délivrer en même temps les croquis, devis, plans, fac-similé, etc., qu'il en a et dont l'éditeur a besoin pour la reproduction.

53. Entre deux éditeurs, ayant chacun un contrat pour la même œuvre, la préférence est due à celui qui a été mis en possession de bonne foi, sans égard à la date des contrats.

55. Si aucun des deux éditeurs n'est encore entré en jouissance, la date des titres doit déterminer la préférence, pourvu que cette date soit certaine.

§ 2. — Entretien de l'œuvre.

56. L'auteur doit, pendant la durée du contrat d'édition, entretenir l'œuvre en état de servir à l'usage pour lequel elle a été louée, voire la publication, et y faire toutes les réparations qui peuvent deve-

nécessaires, autres que les locatives. (Art. 1720, C. civ.)

nir nécessaires autres que les locatives. Ce devoir impliquera, par exemple, pour une œuvre d'enseignement historique ou géographique l'obligation de la maintenir à jour des progrès de la science, d'en réviser et contrôler l'exactitude des données, pour les nouvelles éditions. Pour une œuvre artistique cela constituera le devoir de revoir et perfectionner le cliché avant tout nouveau tirage, etc. Les réparations locatives comprendront, au contraire, par exemple, le remplacement d'une feuille mal tirée ou une nouvelle mise en pages, qui ne regarderont que l'éditeur seul.

58. Mais cette obligation est une de celles auxquelles il est permis de déroger.

Le locataire peut donc consentir à prendre les lieux dans l'état où ils se trouvent, sauf à lui à y faire les ouvrages convenables.

58. Mais cette obligation de l'auteur est une de celles auxquelles il est permis de déroger. L'éditeur peut donc consentir à prendre l'œuvre dans l'état où elle se trouve sauf à lui à y faire les ouvrages convenables. On usera de cette stipulation surtout pour les œuvres posthumes, ou d'auteurs décédés, en général ; c'est en vertu d'une telle convention que seront autorisés les commentaires ou rééditions par les soins d'un nouveau rédacteur et continuateur d'une œuvre scientifique engagé par l'éditeur moyennant contrat spécial à ses frais.

59. Toutefois, la clause portant que le preneur renonce à former, pendant tout le cours du bail, aucune action en dommages-intérêts contre le bailleur et à intenter contre lui aucune action quelconque, devant quelques tribunaux ou Cours que ce soit, pour quelque

59. Toutefois la clause portant que l'éditeur renonce à former, pendant tout le cours de son contrat, aucune action en dommages-intérêts contre l'auteur et à intenter contre lui aucune action quelconque, devant quelques tribunaux et cours que ce soit, pour quelque

cause que ce soit, est nulle. (Req., 19 janv. 1863, D. P. 63. 1 248.)

cause que ce soit, est nulle C'est par suite de sa généralité excessive que cette clause est frappée de nullité ; on comprend cependant que les différends en matière d'édition naîtront pour la plupart lors de la publication même ou bientôt après, où les vices de l'œuvre se feront jour, tandis qu'un bail ordinaire est susceptible de causes de différends pendant toute la durée du contrat. Toutefois les garanties dont nous allons parler ne sauraient être entièrement omises (v. n° 70).

§ 3. — Garantie des vices de la chose louée qui en empêchent l'usage.

60. Il est dû garantie au preneur pour tous les vices ou défauts de la chose louée, qui en empêchent l'usage, quand même le bailleur ne les aurait pas connus, lors du bail. S'il résulte de ces vices ou défauts quelque perte pour le preneur, le bailleur est tenu de l'indemniser. (Art. 1721, C. civ.)

61. Cette garantie s'étend aux vices qui se trouvent dans les choses accessoires, lorsqu'ils empêchent la jouissance de la chose louée. (Pothier, n° 115.)

62. Il faut que les vices empêchent entièrement l'usage de la chose louée ou d'une partie considérable : il ne suffit pas qu'ils en rendent l'usage moins commode. (Pothier, n° 110 ; Duvergier, n° 339.)

§ 3. — Garantie des vices de l'œuvre qui en empêchent l'usage.

60. Il est dû garantie à l'éditeur pour tous les vices ou défauts de l'œuvre qui en empêchent la publication et la vente, quand même l'auteur ne les aurait pas connus, lors du contrat. S'il résulte de ces vices ou défauts quelque perte pour l'éditeur, l'auteur est tenu de l'indemniser.

61. Cette garantie s'étend aux vices qui se trouvent dans les parties accessoires, lorsqu'ils empêchent la publication et la vente de l'œuvre (v. n° 52).

62. Il faut que les vices empêchent entièrement la publication et la vente de l'œuvre ou d'une partie considérable ; il ne suffit pas qu'ils les rendent moins commodes ou avantageuses. Seraient de la première catégorie : la découverte que l'œuvre ou une grande partie d'elle seraient défendues par une

loi, par exemple qu'il y ait une partie considérable vouée aux recettes de matières explosives, après que la publication de telles recettes aurait été défendue ; qu'il y ait des choses injurieuses contre un chef d'État étranger qui seraient essentielles au dénouement d'un roman ou d'un drame ; qu'il soit question d'une publication, destinée à circuler surtout aux États-Unis, sur les billets de banque, et qui reproduise en tables colorées les dessins de ces billets — ce qui y est expressément interdit. Au contraire considérerions-nous appartenir aux vices non garantis l'apparition, entre la conclusion du contrat et la publication de l'œuvre, d'un autre ouvrage (1) mieux écrit peut-être ou épuisant davantage la matière traitée, bien que cela ait à peu près le même effet

(1) Qu'on ne veuille pas assimiler à ce cas celui de la diminution du jour résultant de constructions élevées par le voisin, traité par Clerc, sous le n° 78 et décidé en sens inverse. C'est dans la nature de la propriété foncière d'être munie — ou chargée — de voisins qui aient des droits concurrents parfois à un degré désobligeant : c'est donc au risque du propriétaire que s'accomplira l'exercice de ces droits. Mais l'œuvre de l'esprit ne connaît point de voisins. Comme c'est la façon, la forme dont la matière est traitée par l'auteur, qui fait l'œuvre, il n'y a pas, de par sa nature même, de voisins ou concurrents avec des droits préexistants en germe et pouvant éclore, dans le cours naturel des choses, à chaque instant. Le cas d'une telle concurrence survenante, qui établirait la responsabilité de l'auteur, pourrait pourtant se trouver par suite de circonstances spéciales : si, par exemple, celui-ci pouvait et devait prévoir ou s'il connaissait la préexistence d'un projet d'une œuvre directement parallèle, par exemple, d'une collection des lettres de Napoléon. Mais on voit de suite que la raison de sa responsabilité est alors d'un autre chef, étranger au contrat.

désastreux pour les intérêts de l'éditeur.

63. Le bailleur n'est pas garant des vices qu'il a exceptés par une clause expresse. (Pothier, n° 114 ; Duvergier, n° 345.)

63. L'auteur n'est pas garant des vices qu'il a exceptés par une clause expresse.

64. Il n'y a pas lieu à garantie, lorsque le preneur a connu les vices de la chose. (Troplong, n° 198 et 285 ; Duvergier, n° 342.)

64. Il n'y a pas lieu à garantie lorsque l'éditeur a connu les vices de la chose.

65. La garantie ne comprend pas seulement les vices existant lors du louage; mais elle s'étend à ceux qui surviennent depuis. (Troplong, n° 199 ; Duvergier, n° 343)

65. La garantie ne comprend pas seulement les vices existant lors du contrat, mais elle s'étend à ceux qui surviennent depuis. Tel serait le cas, si une des lois prohibitives mentionnées au n° 62 venait d'être votée après que le contrat ait été conclu ou que la vente ait déjà eu lieu pour une partie de l'édition.

§ 4. — Garantie de la perte totale ou partielle de la chose louée.

§ 4. — Garantie de la perte totale ou partielle de l'œuvre.

66. Si, pendant la durée du bail, la chose louée est détruite en *totalité, par cas fortuit*, le bail est résilié de plein droit ; si elle n'est détruite qu'en partie, le preneur peut, suivant les circonstances, demander, ou une diminution de prix, ou la résiliation même du bail. Dans l'un et l'autre cas, il n'y a lieu à aucun dédommagement. (Art. 1722 et 1741, C. civ.)

66. Si pendant la durée du contrat d'édition l'œuvre est détruite *en totalité, par cas fortuit*, le contrat est résilié de plein droit ; si elle n'est détruite qu'en partie, l'éditeur peut, suivant les circonstances, demander ou une diminution de prix, ou la résiliation du contrat. Dans l'un et l'autre cas, il n'y a lieu à aucun dédommagement. Ce serait par exemple le cas où le manuscrit, ou le manuscrit et les tirages préparés, ou même l'édition toute entière, avant sa divulgation, seraient détruits par une inondation, un incendie général (sans faute de la part du détenteur des livres), une guerre, etc.

67. Le preneur qui opte pour la continuation du bail peut obliger le propriétaire aux réparations nécessaires pour l'usage de ce qui reste. (Troplong, n° 219 ; Req., 3 août 1847, D. P. 47. 1.251).

67. L'éditeur qui opte pour la continuation du contrat d'édition peut obliger l'auteur aux réparations nécessaires pour l'usage de ce qui reste, par exemple pour arrondir la partie restante par une note ou préface explicative adaptée à son contenu actuel. On n'oubliera pas que, vu l'impossibilité de forcer l'auteur par ministère d'huissier à l'accomplissement de ces devoirs non-fongibles, il devra être substitué à son obligation principale, pour le cas de son refus d'accomplir celle-ci, le paiement des dommages-intérêts suivant les règles de la procédure.

68. Si la perte de la chose est survenue *par la faute du bailleur*, le bail est résolu ; mais alors le locataire aurait droit à des dommages-intérêts. (Duranton, n° 129 ; Troplong, n° 216)

68. Si la perte de l'œuvre est survenue *par la faute de l'auteur*, le contrat est résolu ; mais alors l'éditeur aurait droit à des dommages-intérêts.

69. Le droit de demander la résiliation du bail, en cas de perte partielle, n'appartient qu'au preneur et non au bailleur. (Troplong, n° 213, Cass., 23 juil. 1827 ; Dalloz, *Louage*, 202).

69. Le droit de demander la résiliation du contrat, en cas de perte partielle, n'appartient qu'à l'éditeur et non à l'auteur.

70. Nonobstant la disposition finale de l'art. 1722, les parties peuvent, dans le bail, prévoir le cas de force majeure et stipuler un dédommagement. (Cass., 11 mars 1824 ; Dalloz, *Louage*, 220). Mais la clause par laquelle les parties stipuleraient que la perte *totale* de la chose louée n'entraînerait pas la résiliation du bail serait frappée d'une nullité radicale. (Duranton, n° 213.)

70. Nonobstant la disposition finale de l'art. 1722 du code civil, les parties peuvent, dans leur contrat, prévoir le cas de force majeure et stipuler un dédommagement Mais la clause par laquelle les parties stipuleraient que la perte *totale* de l'œuvre n'entraînerait pas la résiliation du contrat serait frappée d'une nullité radicale.

71. S'il était dit simplement dans le bail, que le preneur prend à sa charge *tous les cas fortuits, quels qu'ils soient, prévus ou imprévus*, et qu'il s'interdit le droit de réclamer, pour cet objet, une remise, cette clause, quelque générale qu'elle fût d'ailleurs, ne pourrait concerner que les pertes qui pourraient survenir *aux récoltes*, et nullement celles qui pourraient altérer la substance même de la chose louée, en la détruisant en tout ou en partie.

72. Dans le cas où c'est la destination de la chose qui est changée par force majeure, le preneur a le droit de réclamer, soit la résiliation du bail, soit une diminution du prix, si la destination avait été stipulée comme une des conditions du bail. Il en est autrement si la destination est le fait du preneur, seul. (Troplong, n° 234 ; Dalloz, 216.)

71. S'il était dit simplement dans le contrat que l'éditeur prend à sa charge *tous les cas fortuits, quels qu'ils soient, prévus ou imprévus*, et qu'il s'interdit le droit de réclamer, pour cet objet, une remise, cette clause, quelque générale qu'elle fût d'ailleurs, ne pourrait concerner que les pertes qui pourraient survenir *à la vente* des livres et nullement celles qui pourraient altérer la substance même de l'œuvre, en la détruisant en tout ou en partie.

72. Dans le cas où c'est la destination de l'œuvre qui est changée par force majeure, l'éditeur a le droit de réclamer, soit la résiliation du contrat, soit une diminution du prix, si la destination avait été stipulée comme une des conditions du contrat d'édition. Il en est autrement si la destination est le fait de l'editeur, seul. Le premier cas existerait, par exemple, quand une brochure serait, par stipulation expresse ou selon l'évidence de son titre, son texte, etc., destinée à combattre une loi en préparation. et que par la déclaration de l'état de siège une telle publicité serait soudainement interdite. Le second cas arriverait, si un éditeur prenait charge de l'édition d'un livre d'enseignement parce qu'il croit savoir ou qu'il s'est assuré qu'il sera adopté officiellement par le Ministère de l'Instruction, et qu'un changement dans cette administration vient détruire ses espérances.

§ 5. — **Garantie de tout trouble, soit de la part du bailleur, soit de la part des tiers.**

73. Le bailleur ne peut apporter aucun trouble à la jouissance du preneur. (Art. 179, C. civ.).

74. Il ne peut changer la forme ou la nature de la chose louée (art. 1723, Code civ.), et il ne peut la grever de charges nouvelles, comme une servitude, ni supprimer les droits qui y étaient attachés lors du bail. (Pothier, *Louage*, nº 76 ; Duvergier, *ibid.*, nºs 307 et suiv.; Troplong, *ibid.*, nºs 186 et suiv.).

75. Le bailleur qui a loué une partie de sa maison avec affectation à l'exercice d'une industrie

§ 5. — **Garantie de tout trouble, soit de la part de l'auteur, soit de la part des tiers.**

73. L'auteur ne peut apporter aucun trouble à la jouissance de l'éditeur. Ainsi, il ne peut pas conclure un second contrat d'édition qui empiète en quoi que ce soit sur les droits concédés par le premier.

74. Il ne peut changer la forme ou la nature de l'œuvre à éditer, et il ne peut la grever de charges nouvelles ni supprimer les droits qui y étaient attachés lors du contrat. Comme exemple nous dirons qu'il ne peut ni prétendre à changer le fond des opinions émises dans son œuvre, sans le consentement de l'éditeur, tant que dure le contrat, ni demander après coup une augmentation des exemplaires à livrer gratis aux critiques, ni restreindre la vente à certains pays, ni renoncer à une subvention ou à une souscription d'un nombre déterminé d'exemplaires qu'il aurait obtenu de la part d'un Gouvernement ou d'une société savante. La première de ces défenses paraîtra rigoureuse : que l'auteur se garde alors de contracter à long terme, ou qu'il sache conserver la bonne entente avec l'éditeur qui ne demandera pas mieux que de consentir à des changements raisonnables ; pour la règle, ce n'est pas un adversaire mais un allié dans la lutte pour le succès.

75. L'auteur qui a conclu un contrat d'édition à l'égard d'une partie d'une œuvre, conserve, à

déterminée, conserve, à moins de clause contraire, dans le premier bail, le droit de louer une autre partie de la même maison à une personne exerçant une industrie rivale ou similaire. La dissidence entre les Cours d'appel sur ce point a été enfin tranchée par la Cour suprême. (Civ. r., 6 nov. 1867, D. P. 68. 1.213).

moins de clause contraire dans le contrat, le droit d'en conclure un autre au sujet d'une autre partie de la même œuvre avec un autre éditeur (1). Qu'on ne s'en émeuve point : il est plus facile de vendre un tome premier sans suite qu'un deuxième sans le précédent ; voilà pourquoi il n'y aura pas facilement d'éditeur qui veuille de ce second contrat, à moins que cet éditeur ne soit bien certain d'y trouver son compte malgré cette circonstance, par exemple, parce que les deux parties de l'œuvre ne forment, malgré leur connexité comme parties d'un même ouvrage, que des objets bien vendables séparément. Pour citer un exemple nous ne verrions point de raisons pourquoi une telle édition séparée ne puisse pas avoir lieu pour le second volume du livre de Clerc que nous transcrivons ici, et dont ledit second volume, malgré qu'il soit le complément indispensable du premier s'il s'agit d'épuiser la matière du notariat, sert à des besoins tout à faits différents de celui-là (2).

(1) Le texte de Clerc parlant du droit de louer une autre partie de la même maison à une personne exerçant une industrie rivale ou similaire, le cas parallèle en droit d'édition est celui d'en haut : car une seconde œuvre entière sur le même sujet sera, ou dépourvue de rivalité industrielle en s'adressant, par suite d'un arrangement différent, à une autre clientèle (comme un manuel à côté d'un traité explicite) ou, s'il y avait une rivalité, elle serait comprise, comme adaptation, parmi les troubles de la concurrence déloyale défendus au n° 73.

(2) Le premier volume contient le formulaire des actes notariés précédés de traités explicatifs, le second la loi sur le notariat, sur les chambres de discipline, etc.

76. Le propriétaire est responsable, et passible de dommages-intérêts, à raison des procédés vexatoires de son concierge envers les locataires et envers les personnes qui leur rendent visite. (Bordeaux, 7 fév. 1871 ; Dalloz, *Portier*, n°s 3 et suiv.).

76. L'auteur est responsable et passible de dommages-intérêts, à raison des procédés vexatoires de ses mandataires ou agents receveurs de ses droits, vis-à-vis de l'éditeur et de sa clientèle — par exemple, si ces agents faisaient des saisies injustifiées pour prétendue contrefaçon chez les libraires-détailleurs. Cette règle aura peut-être de l'importance pour le cas où des héritiers empièteraient sur les intérêts de l'éditeur en prétendant publiquement que l'auteur avait, de son vivant, révoqué ses opinions antérieures.

77. A l'égard des troubles apportés par des tiers, nous renvoyons aux art. 1725 et suiv., C. civ.

77. A l'égard des troubles apportés par des tiers, nous renvoyons aux art. 1725 et suiv., C. civ. Rappelons aussitôt que l'éviction aussi bien que la défense contre une pareille menace prendront le plus souvent la forme de demande ou reconvention pour contrefaçon ; cependant il peut y avoir des conclusions de vraie éviction, demandant la remise du manuscrit, surtout de la part et vis-à-vis des héritiers et ayants cause de l'auteur. — Art. 1725 : — L'auteur n'est pas tenu de garantir l'éditeur du trouble que des tiers apportent par voies de fait à sa jouissance, sans prétendre d'ailleurs aucun droit sur l'œuvre elle-même ; sauf à l'éditeur à les poursuivre en son nom personnel. — Art. 1726 : — Si, au contraire, l'éditeur a été troublé dans sa jouissance par suite d'une action concernant la propriété de l'œuvre, il a droit à une diminu-

tion proportionnée sur le prix du contrat d'édition, pourvu que le trouble et l'empêchement aient été dénoncés à l'auteur. — Art. 1727 : — Si ceux qui ont commis les voies de fait prétendent avoir quelque droit sur l'œuvre, ou si l'éditeur est lui-même cité en justice pour se voir condamner au délaissement de la totalité ou de partie de cette œuvre, ou y en souffrir des restrictions de sa jouissance, il doit appeler l'auteur en garantie, et doit être mis hors d'instance, s'il l'exige, en nommant l'auteur pour lequel il possède.

78. La diminution de jour résultant de constructions élevées par le voisin peut être assimilée à un vice ou défaut de la chose louée, dont le bailleur est garant envers le preneur, et qui peut autoriser une réduction du prix du bail. (Troplong, n° 199; Duvergier, t. 1, n° 309 ; Paris, 19 juill. 1848 et 13 juin 1849, D. P. 48.2. 168, et 49 2.212.)

78. V. la note 1 du n° 62.

79. Dans le cas d'éviction d'une partie seulement de la chose louée, le preneur pourrait demander la résiliation du bail, suivant les circonstances ; car c'est pour lui comme si cette partie était venue à périr par cas fortuit. (Pothier, n° 92 ; Duranton, 71.)

79. Dans le cas d'éviction d'une partie seulement de l'œuvre, l'éditeur pourrait demander la résiliation du contrat, suivant les circonstances : car c'est pour lui comme si cette partie était venue à périr par cas fortuit.

80. Les effets de la garantie ne se bornent pas à une diminution sur le prix du bail ; ils obligent le bailleur à réparer tout le dommage qu'éprouve le preneur. (Pothier, *eod.* ; Troplong, n° 277.)

80. Les effets de la garantie ne se bornent pas à une diminution sur le prix du contrat d'édition ; ils obligent l'auteur à réparer tout le dommage qu'éprouve l'éditeur.

81. Toutefois, si la cause de l'éviction est *postérieure* au bail, elle n'oblige pas le bailleur à une indemnité, à moins qu'elle ne provienne de son fait. Le preneur n'a droit qu'à une remise du loyer. (Troplong, n° 288; Duvergier, n° 325.)

82. Il peut intervenir entre les parties des conventions au sujet des troubles ou évictions que le preneur pourrait éprouver dans le cours du bail; mais, conçues en termes généraux, elles resteraient sans effet, la garantie étant de l'essence même du contrat. Pour produire leur effet, elles devaient s'appliquer à un objet spécial et déterminé, à une cause de trouble ou d'éviction déjà prévue. C'est au rédacteur du bail à bien faire connaître l'intention des parties.

§ 6. — Obligation de rembourser au preneur certaines impenses.

83. Comme nous le verrons bientôt, le preneur est tenu de faire certaines réparations *locatives* pour lesquelles il ne lui est dû aucun remboursement. Mais, s'il a excédé la mesure de ces réparations, si, par ces travaux, il a augmenté la valeur de la chose, le bailleur sera-t-il tenu de lui rembourser ses impenses ? Il faut distinguer si les impenses étaient nécessaires, indispensables, ou seulement utiles, ou purement voluptuaires.

81. Toutefois, si la cause de l'éviction est *postérieure* au contrat d'édition, elle n'oblige pas l'auteur à une indemnité, à moins qu'elle ne provienne de son fait. L'éditeur n'a droit qu'à une remise du prix stipulé.

82. Il peut intervenir entre les parties des conventions au sujet des troubles ou évictions que l'auteur pourrait éprouver pendant la durée de son contrat; mais, conçues en termes généraux, elles resteraient sans effet, la garantie étant de l'essence même du contrat. Pour produire leur effet, elles devraient s'appliquer à un objet spécial et déterminé, à une cause de trouble ou d'éviction déjà prévue. C'est au rédacteur du contrat à bien faire connaître l'intention des parties.

§ 6. — Obligation de rembourser à l'éditeur certaines impenses.

83. Comme nous le verrons bientôt, l'éditeur est tenu de faire certaines réparations *locatives* pour lesquelles il ne lui est dû aucun remboursement. Mais, s'il a excédé la mesure de ces réparations, si, par ces travaux, il a augmenté la valeur de l'œuvre, l'auteur sera-t-il tenu de lui rembourser ses impenses ? Il faut distinguer si les impenses étaient nécessaires, indispensables, ou seulement utiles, ou purement voluptuaires.

Nous taxerons de locatives toutes les impenses faites pour l'impression et la vente, parce que ces agissements représentent le mode d'usage, l'exercice même du louage de l'éditeur ; ce qu'il dépense en exerçant son droit acquis, sans que cela n'affecte en rien l'essence de l'œuvre louée, c'est locatif. Au contraire, nous considérons comme travaux et impenses sujets à la distinction d'en haut celles qui affectent l'œuvre. Comme nécessaires nous citons par exemple les frais de déchiffrer une œuvre écrite en paléographie ou chiffres ; les frais de traduction, si par hasard un écrivain roumain avait fait un contrat pour une édition française de son œuvre ; les droits de dépôt dans les pays où ce dépôt est imposé aux auteurs comme condition de leur protection, etc. Comme utiles : l'addition d'un registre alphabétique ou analytique, des textes des lois correspondant à la matière traitée, d'une carte géographique montrant les lieux visés par l'auteur dans son ouvrage. Enfin, comme voluptuaires : l'impression d'un nombre d'exemplaires sur papier extra ; la reliure Elzevir ; l'addition de vignettes et miniatures. Le caractère de ces additions changera nécessairement selon les circonstances : ainsi, pour certains livres un certain luxe en papier, en typographie, en illustrations peut assumer le caractère d'utilité quand et parce que la mode aurait adopté ces décorations comme de rigueur pour un livre exclusivement destiné aux gens du monde. Qu'on

84. Les premières doivent toujours être remboursées. *Neminem æquum est cum alterius damno locupletari.*

85. A l'égard des impenses seulement utiles qu'un locataire a faites, il ne peut s'en faire rembourser par le bailleur, qui ne les a point ordonnées.

86. A plus forte raison, en est-il de même pour les dépenses purement voluptuaires.

87. En tout cas, il doit au moins être permis au locataire d'enlever, à la fin du bail, tout ce qu'il a placé, si l'on ne veut pas lui payer ses déboursés, à la charge toutefois, par lui, de rétablir les choses dans leur état primitif.

veuille, comme de l'exemple le plus frappant peut-être, se souvenir du nombre des lignes d'impression de chaque page, des marges qui varient quelquefois jusqu'à une plus-valeur d'une feuille entière, selon le caractère scientifique ou mondain du livre.

84. Les impenses nécessaires augmentant la valeur (économique) de l'œuvre doivent toujours être remboursées. *Neminem æquum est cum alterius damno locupletari.*

85. A l'égard des impenses seulement utiles qu'un éditeur a faites, il ne peut s'en faire rembourser par l'auteur qui ne les a point ordonnées.

86. A plus forte raison en est-il de même pour les dépenses purement voluptuaires.

87. En tout cas, il doit au moins être permis au locataire de retirer, à la fin de son contrat, tout ce qu'il a additionné, si l'on ne veut pas lui payer ses déboursés, à la charge toutefois, pour lui, de rétablir les choses dans leur état primitif. Cela ne signifiera pas autant pour les livres qu'à l'égard des œuvres artistiques, où toute addition ou altération qui aurait dû être faite sur le tableau original pour se présenter une et indivise dans les reproductions — selon les besoins de l'imprimerie ou de la photogravure — ne pourra être enlevée par l'éditeur s'il fallait pour cela endommager l'original de l'auteur. Nous citerons comme exemple, une carte géographique dressée

augmentation de loyer, des terres qui accroissent par alluvion à la chose louée. (Troplong, n° 190 ; Demolombe, t. 10, nos 90 et suiv.).

92. Le droit de chasse n'appartient pas au fermier, s'il ne lui a pas été expressément concédé par le bail. (Toullier, t 4, n° 19 ; Troplong, n° 161 ; Crim. c., 4 juill. 1845, D. P 45. 1.351 ; Grenoble, 19 mars 1846, D. P. 46.2.183.) La chasse n'est pas un fruit, à moins que ce ne soit le seul ou le principal qu'on retire de la propriété.

93. La loi du 3 mai 1844, sur la police de la chasse, a laissé la question indécise et soumise à l'appréciation de la jurisprudence, comme elle l'était auparavant. En disant, art. 2, que le propriétaire ou *possesseur* peut chasser ou faire chasser, elle n'a pas entendu recon-

augmentation du prix stipulé, des parties qui accroissent à l'œuvre. Nous ne considérons comme accrues, que celles qui y seront ajoutées sans qu'il y ait ni dépenses de l'auteur ou de l'éditeur ni un travail intellectuel de la part de l'auteur : ainsi, une préface d'une célébrité qui lui serait vouée pour précéder le texte de sa publication, etc. Il n'est peut-être pas inutile de rappeler que l'alluvion (dont il est question dans le présent n° du traité de Clerc) est censée être bienvenue au bailleur aussi bien qu'au preneur ; voilà pourquoi la disposition d'en haut ne force point la main à l'auteur d'accepter de tels accroissements, et ne dit rien que ce qu'en cas d'acceptation l'auteur n'a pas le droit de réclamer une rétribution à part, sauf au cas de convention spéciale.

92. 93. 94. Ces discussions sur le droit de chasse et de pêche n'apportent à notre sujet qu'une confirmation du principe que c'est la destination de la chose louée, le but du bail qui décide de son étendue.

naître un droit certain au fermier. C'est ce qui résulte de la discussion qui a eu lieu à la Chambre des députés. (*Monit.*, 11 fév., p. 279.)

94. Le droit de pêche appartient au fermier, lorsqu'il est plus d'utilité que d'agrément, lorsqu'il forme une branche de revenu. (Troplong, n° 163; Rouen, 13 juin 1844; Dalloz, *Pêche fluv.*, 14; Zach., Massé et Vergé, 4, 701; E. Martin, *Pêche fluv.*, 497.)

D'autres auteurs pensent que le droit de pêche doit, dans le silence du contrat, être réputé appartenir au fermier. (Duvergier, n° 75; Proudhon, *Domaine public*, n° 1251) (1).

95. Le droit du preneur passe à ses héritiers, comme tous les autres biens qui sont dans sa succession. Il se divise entre eux, et il n'y a point de solidarité pour le paiement des fermages, à moins de stipulation expresse.

95. Le droit de l'éditeur passe à ses héritiers, comme tous les autres biens qui sont dans sa succession. Il se divise entre eux, et il n'y a point de solidarité pour le paiement du prix du contrat, à moins de stipulation expresse. Cette conséquence qu'établit la jurisprudence est d'une valeur aussi pré-

(1) La décision du n° 94 du traité de Clerc manque de logique, croyant faire dériver d'un principe ce qui n'est que le résultat d'une coutume qui ajoute au bail de ferme — c'est-à dire à la jouissance par l'agriculture — certains autres baux distincts, comme celui de la pêche dans les eaux appartenant à la terre louée ou limitrophes, parce que à cause de leur insignifiance relative, « lorsqu'il est plus d'utilité que d'agrément, lorsqu'il forme une branche de revenu ». il ne vaudrait pas la peine de faire un contrat spécial. Il est vrai que ce mode d'acquisition de fruits du sol et sous-sol, lorsqu'il ne se distingue pas par la destination de l'exploitation et le mode de son exercice (l'agrément), se mélange aisément avec et disparaît entre les autres formes de battre monnaie en exploitant une ferme ; c'est encore une preuve de notre thèse principale que c'est le lucre seul qui est envisagé par la loi et non pas le mode et les moyens spéciaux de le produire.

caire en baux de loyer et de ferme qu'en droit d'édition et ne devra émouvoir personne. On fera comme en bail ordinaire : on stipulera la responsabilité solidaire des héritiers. Mais ce sera moins important encore en droit d'édition : la plupart des éditeurs sont, en effet, des sociétés en nom collectif ou en commandite ou même anonymes, et la responsabilité des ayants-cause et héritiers est alors suffisamment garantie par les dispositions du droit commercial.

96. Le preneur a le droit de sous-louer et même de céder son bail à un autre, si cette faculté ne lui a pas été interdite. Elle peut l'être pour le tout ou pour partie, et cette clause est toujours de rigueur. (Art. 1717, C. civ.).

97. Il faut distinguer la faculté de sous-louer de celle de céder le droit entier au bail. On verra les effets de l'une et de l'autre aux articles *Sous-bail* et *Cession de bail*. Nous devons seulement rappeler ici que le droit de céder le bail est plus étendu que celui de sous-louer.

96. L'éditeur a le droit de sous-louer et même de céder son droit d'édition à un autre, si telle faculté ne lui a pas été interdite. Elle peut l'être pour le tout ou pour partie, et cette clause est toujours de rigueur (1).

97. Il faut distinguer la faculté de sous-louer de celle de céder le droit entier à l'édition. On verra les effets de l'un et de l'autre aux articles Sous-bail et Cession de bail. Nous devons seulement rappeler ici que le droit de céder l'édition est plus étendu que celui de sous-louer. C'est ce dernier cas qui

(1) Nous ne voyons aucune raison à ne pas admettre toutes les conséquences de notre théorie exposées aux n°s 96 et suivants. Pour les cas où un intérêt spécial s'attache à l'exécution du contrat d'édition par l'éditeur contractant lui-même, l'auteur devra faire une convention à cet égard : pour tout autre cas la responsabilité du premier éditeur, qui reste engagée, lui suffira. Ces dispositions n'ont d'ailleurs d'importance transcendentale que surtout pour les contrats où deux différentes espèces de jouissance sont compliquées, comme nous en citerons des exemples au dernier chapitre. Néanmoins, on en trouvera l'application en pur droit d'édition au n° 97.

est établi quand un éditeur s'adjoint, pour l'exploitation d'une œuvre dans un pays ou département lointain, une autre maison d'éditeur pour l'y répandre et vendre exclusivement : cela arrive surtout pour les œuvres musicales et artistiques, parce que la divulgation d'un ouvrage ne saurait être surveillée et poussée activement que d'un centre situé dans le pays même. C'est donc une sublocation, qui se fait ; il n'existe aucun lien direct entre la maison déléguée et l'auteur.

98. En conséquence, la défense de *sous-louer* entraîne nécessairement avec elle la défense de *céder* le bail, en tout ou en partie. Celui qui n'a pas le *moins* ne saurait avoir le *plus*. (Duvergier, n° 375 ; Rolland de Villargues, n° 254.)

98. En conséquence, la défense de *sous-louer* entraîne nécessairement avec elle la défense de *céder* le droit d'édition en tout ou en partie. Celui qui n'a pas le *moins* ne saurait avoir le *plus*.

99. Mais la défense de *céder ou transporter* le bail ne contient pas celle de *sous-louer*, à moins que la volonté contraire ne résulte des termes de l'acte ou des circonstances de la cause. (Merlin, *Rép.*, v° *Bail*, sect. 9, n° 6 ; Rolland de Villargues, n° 255 ; Angers, 27 mars 1817 ; Dalloz, *Louage*, 480.)

99. Mais la défense de céder ou transporter le droit d'édition ne contient pas celle de sous-louer, à moins que la volonté contraire ne résulte des termes de l'acte ou des circonstances de la cause.

100. L'opinion contraire est enseignée par Duvergier, n° 376 et Troplong, n° 134 ; Paris, 28 mars 1829, 6 mai 1835. Les raisons données à l'appui ne nous paraissent pas suffisantes ni conformes à l'usage. Le bailleur, en faisant le bail, devait expliquer mieux sa pensée ; la loi fournit elle-même

100.

les deux expressions. Ne peut-on pas dire qu'en choisissant l'une d'elles, il a voulu rejeter l'autre ? Et puis, l'effet de la cession n'est pas le même vis-à-vis du bailleur que celui de la sous-location. Au premier cas, les rapports de propriétaire à locataire sont changés ; le cessionnaire se trouve en relation directe avec le propriétaire, tandis qu'au deuxième cas, ce dernier n'a rien à faire aux sous-locataires.

101. La défense de *céder en tout ou en partie* contient, tout à la fois, celle de céder et celle de sous-louer.

103. Si l'on dit que le preneur n'*aura pas le droit* de sous-louer ou de céder, sans le consentement du propriétaire, ou *qu'il ne pourra* le faire que de l'agrément du propriétaire, l'interdiction est absolue ; c'est le but de la disposition. Peu importe qu'on ait rappelé que le propriétaire pourrait y consentir, c'est son droit naturel.

104. Mais, si l'on dit : *le preneur pourra sous-louer ou céder avec l'agrément du propriétaire*, il y a une différence essentielle. Ici la faculté de sous-louer ou de céder est accordée au principal ; on y met seulement une restriction, qui est que le preneur obtiendra l'agrément du propriétaire ; et si ce dernier refuse une personne présentant toutes les conditions requises de moralité et de solvabilité, il peut être condamné à l'accepter. (Paris, 6 août 1847, D. P. 47.2.174 ; Colmar, 12 avril 1864, D. P. 65.2.32).

L'effet de la cession n'est pas le même vis-à-vis de l'auteur que celui de la sous-location. Au premier cas, les rapports d'auteur à éditeur sont changés, le cessionnaire se trouve en relation directe avec l'auteur, tandis qu'au deuxième cas, ce dernier n'a rien à faire aux sous-locataires.

101. La défense de *céder en tout ou en partie* contient, tout à la fois, celle de céder et celle de sous-louer.

103. Si l'on dit que l'éditeur n'aura pas le droit de sous-louer ou de céder sans le consentement de l'auteur, l'interdiction est absolue : c'est le but de la disposition. Peu importe qu'on ait rappelé que l'auteur pourrait y consentir ; c'est un droit naturel.

104. Mais si l'on dit : l'éditeur pourra sous-louer ou céder, avec l'agrément de l'auteur, il y a une différence essentielle. Ici, la faculté de sous-louer ou de céder est accordée au principal ; on y met seulement une restriction qui est que l'éditeur obtiendra l'agrément de l'auteur, et si ce dernier refuse une personne présentant toutes les conditions requises de moralité et de solvabilité, il peut être condamné à l'accepter. (Le contraire a été décidé par un arrêt de la Cour de Lyon).

Le contraire a été décidé par un arrêt de la Cour de Lyon du 26 déc. 1849, D. P. 50.2.30, qui accorde au propriétaire le droit absolu de refuser tout locataire qui ne lui convient pas, sans que les juges puissent discuter les motifs de son refus.

105. Si le preneur sous-loue, nonobstant une clause contraire de son bail, le bailleur peut demander la résiliation du bail. (Cass., 12 mai 1867 ; Dall., *Louage*, 457.) — Cependant les juges peuvent, suivant les circonstances, accorder simplement des dommages-intérêts au bailleur. — (Besançon, 8 juin 1854, D. P. 55.2.254)

106. Cette résiliation, loin de s'opérer de plein droit, doit être demandée en justice : cela résulte de la combinaison des art. 1184, 1741, 1766 et 1717, C. civ. (Cass., 13 déc. 1820), encore que le bail porte que la clause d'interdiction sera exécutée à la rigueur. (Troplong, n° 139 ; Duvergier, n° 370 ; Cass., 29 mars 1837 ; Dalloz, *Louage*, 458.)

107. Mais, si la résiliation du bail a été *stipulée* pour le cas de sous-location, elle a lieu de plein droit. (Troplong, n° 540 ; *id. Vente*, t. 1, n° 61.)

109. On peut considérer comme une sous-location l'acte par lequel le preneur s'associe un tiers, pour l'exploitation de son commerce ou de son industrie, alors surtout qu'il quitte le lieu de la situation de l'immeuble loué pour aller exercer

105. Si l'éditeur sous-loue, nonobstant une clause contraire de son contrat, l'auteur peut demander la résiliation du contrat Cependant les juges peuvent, suivant les circonstances, accorder simplement des dommages-intérêts à l'auteur.

106. Cette résiliation, loin de s'opérer de plein droit, doit être demandée en justice : cela résulte de la combinaison des art. 1184, 1741, 1766 et 1717, C. civ., encore que le contrat porte que la clause d'interdiction sera exécutée à la rigueur.

107. Mais, si la résiliation du contrat a été *stipulée* pour le cas de sous-location, elle a lieu de plein droit.

109. On peut considérer comme une sous-location l'acte par lequel l'éditeur s'associe un tiers pour l'exploitation de son commerce ou de son industrie, alors surtout qu'il quitte le lieu où, du temps du contrat, il était censé faire l'édition,

une industrie dans un lieu éloigné. (Douai, 6 juin 1855, D. P. 56. 2.37.)

111. La défense de sous-louer imposée au locataire passe à son héritier. (Pa. is, 18 mars 1826; Dalloz, *Louage*, 481.)

112. L'approbation, *même tacite*, que le propriétaire aurait donnée à la sous-location, par exemple, en recevant des loyers du sous-locataire, le rendrait non-recevable à demander la résiliation contre le preneur, quoique le bail parlât d'un consentement *par écrit*. (Req., 28 juin 1859; Colmar, 12 avril 1864, D. P. 65.2.32)

113. Le droit de relocation ouvert aux créanciers du preneur par l'art. 2102, C. civ., peut être exercé malgré la clause d'interdiction de sous-louer exprimée dans le bail. (Cass., 7 28 déc. 1858, D. P. 59. 1.62 et 63.)

Art. 7. — Obligations du preneur.

§ 1er. — Usage de la chose louée suivant sa destination et en bon père de famille.

114. Le preneur est tenu d'user de la chose louée suivant la destination qui lui a été donnée par le bail, ou suivant celle présumée d'après les circonstances, à défaut de convention. (Art. 1728, C. civ.)

pour aller exercer une industrie dans un lieu éloigné.

111. La défense de sous-louer imposée à l'éditeur passe à son héritier.

112. L'approbation, *même tacite*, que l'auteur aurait donnée à la sous-location, par exemple en recevant une partie du prix du sous-locataire, le rendrait non-recevable à demander la résiliation contre l'éditeur, quoique le contrat parlât d'un engagement par écrit.

113. Le droit de relocation ouvert aux créanciers de l'éditeur par l'art. 2102, C. civ., peut être exercé malgré la clause d'interdiction de sous-louer exprimée dans le contrat d'édition.

Art. 7. — Obligations de l'éditeur.

§ 1er. — Usage de l'œuvre suivant sa destination et en bon père de famille.

114. L'éditeur est tenu d'user de l'œuvre suivant la destination qui lui a été donnée par le contrat d'édition, ou suivant celle présumée d'après les circonstances, à défaut de convention. Le nom même du contrat étant libellé « d'édition », ou le seul fait que l'une des parties dispose d'un manuscrit, etc., et que l'autre est éditeur, seront suffisants, selon nous, pour déterminer cette destination comme visant la publication et la vente des reproductions (V. la fin du chap. IV).

115. En conséquence, il ne peut pas, sans autorisation, faire d'une boutique une écurie, d'une maison bourgeoise une auberge. (Pothier, n° 189 ; Duranton, n° 95 ; Troplong, n° 306) ;

115. En conséquence, l'éditeur ne peut pas, sans autorisation, faire lire l'œuvre en conférences ou la faire représenter ou chanter au lieu de la reproduire et d'en vendre les copies ;

116. Changer la nature du commerce établi dans les lieux. (Bourges, 4 mars 1842 ; Dalloz, *Louage*, 272) ;

116. Ni changer la nature de la publication de l'œuvre en faisant par exemple une réclame d'ouvrage pornographique pour un roman de Zola ou une œuvre de Mantegazza, ou en préconisant une étude sérieuse d'histoire sur la maladie de l'empereur Frédéric comme « Révélations de la cour » ;

117. Tenir fermé un magasin où se faisait un commerce, si le propriétaire a intérêt à conserver un achalandage (Duvergier, n° 309 ; Paris, 1er mars 1830 ; Bourges, 20 mars 1839 ; Dalloz, 278 et 303) ;

117. Ni tenir inédite une œuvre si l'auteur a intérêt à la voir publiée en temps convenable. Qu'on le note bien : le *droit d'usage* comporte ici clairement le *devoir d'usage*, du moment qu'il y a intérêt à maintenir en état d'usage la chose louée — ce qui sera généralement le cas. C'est ce devoir qu'ont méconnu tous ceux qui trouvent, à côté des droits de l'éditeur, une obligation spéciale qu'ils ont cru devoir classer séparément. (V. au chap. IV) Ce devoir apparaît plus palpable encore, en droit commun, dans le bail à ferme (V. n° 125) parce que le manque d'usage nuit plus généralement aux terres à culture qu'aux appartements. Cependant, une villa restant longtemps inhabitée ne se relouera après que difficilement, une boutique également. Peu importe que ce soit par préjugé : le fait est dû à l'action du preneur qui n'a pas exercé son

droit de bail. Enfin, un exemple rare, mais irréfutable : un éléphant savant, un cheval mené à haute école perdront leurs qualités précieuses par le manque d'exercice : c'est comme cela qu'un livre perdra sa valeur réelle ou imaginaire aux yeux du public — dont dépend sa valeur marchande — s'il n'a pas été publié à temps ; soit que son contenu n'intéresse plus autant, soit qu'on se méfie d'un livre qui n'ait pas trouvé — pu trouver, dira-t-on — un éditeur.

118. Sous-louer à une société ou à un cercle un appartement destiné à l'habitation d'un locataire et de sa famille (Troplong, n° 305; Aix, 31 janv. 1833 ; Dalloz, 277), encore moins à une maison de prostitution ou de jeu.

118. L'éditeur ne peut pas sous-louer l'œuvre à des colporteurs ou se servir d'autres moyens qui ne sont usuels que pour des œuvres d'une classe inférieure, à l'égard d'une œuvre sérieuse, ni donner une forme extérieure ou intérieure non convenable à une publication ; par exemple en la brochant en papier multicolore, en y ajoutant des illustrations vulgaires, ou en la publiant *in-32* ou *in-folio*, ou en caractères gothiques ou perles, si tel n'est pas le genre de l'œuvre en question.

119. La profession que le preneur exerçait lors du bail peut servir à déterminer l'usage présumé de la chose louée. Le notaire doit comprendre, d'après les circonstances, quand il est nécessaire de préciser, dans le bail, l'usage auquel la chose louée pourra être employée.

119. Le genre spécial dans sa profession, que l'éditeur exerçait lors du contrat, peut servir à déterminer l'usage présumé de la chose louée. (On doit comprendre, d'après les circonstances, quand il est nécessaire de préciser, dans le contrat, la forme spéciale de publication à laquelle l'œuvre pourra être destinée.)

121. Un fermier ne peut pas dessoler les terres, détruire les

121. L'éditeur ne peut pas confondre les parties de l'œuvre ni les

étangs, arracher les vignes pour les mettre en champs, etc.

122. Si le preneur emploie la chose louée à un usage autre que celui auquel elle a été destinée, ou dont il puisse résulter un dommage pour le bailleur, celui-ci peut, suivant les circonstances, faire résilier le bail et se faire adjuger des dommages-intérêts. (Art. 1729 et 1766, C. civ.)

123. Le preneur, devant jouir et user de la chose louée, comme un bon père de famille userait de la sienne propre, doit s'abstenir des moyens qui pourraient en multiplier les produits pour le moment, au préjudice du fonds. (Art. 1628, C. civ. ; Pothier, n° 190 ; Proudhon, *Usuf.*, n° 1469 ; Troplong, 314.)

124. Ainsi, le fermier d'une vigne doit la bien façonner, la fumer, l'entretenir d'échalas et la cultiver selon l'usage des lieux.

125. S'il s'agit d'une ferme, le preneur doit pareillement façonner les terres en saison convenable, sans les charger ni dessaisonner. (Pothier, *eod.*)

amorceler et faire des publications de parties à son gré; il ne peut rien faire qui altère en quoi que ce soit le caractère et la forme de l'œuvre qui doit rester absolument et intégralement telle que l'auteur l'a créée.

122. Si l'éditeur fait un usage de l'œuvre autre que celui auquel elle a été destinée, ou dont il puisse résulter un dommage pour l'auteur, celui-ci peut, suivant les circonstances, faire résilier le contrat et se faire adjuger des dommages-intérêts.

123. 124. 125. L'éditeur, devant jouir et user de l'œuvre, comme un bon père de famille userait de sa propre chose, doit s'abstenir des moyens qui pourraient en multiplier les produits pour le moment, au préjudice du fonds. Voilà encore une raison pour défendre, comme au n° 118, la réclame exagérée et capable de déclasser et compromettre l'œuvre à l'avenir, ou une édition exagérée qui condamnerait le livre à ce qu'un jour des quantités en tomberaient en rebut et seraient vendues aux enchères.

C'est ici d'ailleurs que se révèlera une des conséquences spéciales dues à la nature immatérielle et spéciale de la chose louée, que nous avons prévues au chap. II.

L'œuvre louée n'est qu'une partie de la propriété littéraire ou artistique. Cette propriété, en effet, comprend d'abord l'œuvre, chose immatérielle certainement, mais nonobstant déjà plus rapprochée des choses matérielles pour être pleinement représentée, dans la plupart des relations diverses que nous venons d'examiner, par son incorporation, le manuscrit, le tableau, la statue, etc. Mais la propriété littéraire et artistique, ou le droit d'auteur, comprend en outre le droit à la protection des rapports purement intellectuels de l'auteur avec son œuvre comme émanation de l'individualité humaine; ce droit à une protection pénale, égale ou pareille ou analogue à celle de l'honneur, de la réputation et d'autres biens individuels purement immatériels, n'est point cessible de par sa nature même — il ne peut donc être loué (1). Mais, nous avons vu plus haut, (au n° 77), que l'auteur est tenu d'exercer ce droit en faveur et sur la demande de l'éditeur; ce droit n'est donc guère pour rien, il n'est pas une quantité négligeable dans les rapports de l'auteur et de l'éditeur. Or il n'est qu'équitable et logique que l'éditeur doive avoir tous les égards pour ce droit dont il réclame parfois l'exercice pour le maintien de ses propres droits, et

(1) Le mérite incontestable d'avoir, pour la première fois, détaché clairement ce droit d'un ordre immatériel et public (pénal) des facultés matérielles qui composent le reste du droit d'auteur ou de la propriété intellectuelle, est dû à l'ouvrage de M. Osterrieth, « Vieilles histoires et nouvelles idées sur le droit d'auteur », Leipzig, chez Hirschfeld, 1892. On en trouve les résultats dans le « Compte rendu du Congrès de Barcelone », de l'Association littéraire et artistique internationale, 1893. « Projet d'une loi concernant les droits intellectuels. »

qu'il doive, en vertu de son obligation d'entretenir la chose louée en bonne condition jusqu'à la fin du bail, sauvegarder et protéger en bon père de famille jusqu'à ces liens immatériels entre l'auteur et son œuvre : les droits qui en dérivent ne lui sont pas loués, certes, mais il profite néanmoins au besoin de leur existence, et sans eux sa chose louée ne serait pas aussi bien défendue ni par conséquent aussi utile.

Voilà pourquoi nous ne croyons pas nous écarter du principe de n'admettre que des conclusions d'une stricte logique en établissant : que l'éditeur doit, pour les raisons précitées, conformer la manière de sa publication à l'individualité littéraire et artistique de l'auteur, tant qu'il doive s'abstenir de faire tout ce qui pourrait déclasser et compromettre cette individualité non seulement par rapport à l'œuvre louée, mais encore aux œuvres futures. Car l'individualité de l'écrivain, bien que mise en cause seulement par l'œuvre dont parle le contrat d'édition, est un bien immatériel un et indivisible ; et porter atteinte à une de ses émanations, c'est entamer le tout et à tout jamais. C'est donc cette entière individualité qui ne devra être lésée par l'éditeur à la garde duquel elle aura été confiée entière par la seule remise d'une seule de ses œuvres. Ce sera dans ce sens étendu et, si on veut, élevé, qu'il faudra, d'après nous, juger si le fonds de la chose louée a été compromis ou non par des mesures trop égoïstes de gain rapproché de la part de l'éditeur. Qu'on se souvienne, avant de condamner cette manière de voir comme trop idéale, que c'est bien l'individualité tout entière de l'auteur, ses mérites passés et titres acquis aussi bien que ses chances évidentes ou supposées à venir que pèsera l'éditeur en entreprenant l'édition d'une œuvre, et que ce n'est point seulement la valeur de l'œuvre qui forme la base du prix auquel l'éditeur la mettra en vente. Nous n'en citerons pas d'exemples.

126. Le fermier ne peut abandonner la culture sans s'exposer à des dommages-intérêts, quelquefois même à la résiliation du bail. (Art. 1766, C. civ.)

126. L'éditeur ne peut abandonner la publication et la vente sans s'exposer à des dommages-intérêts, quelquefois même à la résiliation du contrat. V. le n° 117.

127. Il répond des dégradations ou des pertes qui arrivent pendant sa jouissance, à moins qu'il ne prouve qu'elles ont eu lieu sans faute. (Art. 1732, C. civ.) Il répond également de celles qui arrivent par le fait des personnes de sa maison ou de ses sous-locataires. (Art. 1735, C. civ.)

127. Il répond des dégradations qui arrivent pendant sa jouissance, à moins qu'il ne prouve qu'elles ont eu lieu sans sa faute. Il répond également de celles qui arrivent par le fait des personnes de sa maison ou de ses sous-locataires. Nous compterons, parmi ces dégradations, en dehors des exemples cités aux n°s 116 et suivants, des *errata* nombreux, compromettants ou ridicules qui font tort à l'utilité du livre et qu'il aurait pu éviter par une revision plus soignée.

128. Il répond de l'incendie, suivant les art. 1733 et 1734.

128. Il répond de l'incendie, suivant les art. 1733 et 1734.

§ 2. — Paiement du loyer et des impôts.

§ 2. — Paiement du prix et des impôts.

129. Le paiement du loyer doit se faire de la manière réglée par

129 Le paiement du prix du droit d'édition doit se faire de la

les parties, c'est-à-dire en numéraire, en denrées ou en toute autre chose convenue ; aux époques déterminées par le bail, et, à défaut de convention, aux époques indiquées, soit par la nature de la chose louée, soit par l'usage des lieux.

132. A défaut de convention ou d'usages locaux qui y suppléent, les loyers ou fermages s'acquittent annuellement.

133. Le paiement doit se faire au domicile du preneur, à défaut de convention (art. 1247, C. civ.), lors même que le fermage serait en denrées. (Pothier, nº 136 ; Duvergier, nº 466.)

134 Lorsque le fermage consiste en une certaine quantité des fruits des biens loués, le fermier ne peut se libérer en offrant d'en payer le prix ou de fournir des fruits d'un

manière réglée par les parties, c'est à-dire en numéraire, en denrées ou en toute autre chose convenue ; aux époques déterminées par le contrat, et, à défaut de convention, aux époques indiquées, soit par la nature de l'œuvre, soit par l'usage des lieux.

132. A défaut de convention ou d'usages locaux qui y suppléent, le prix se payera annuellement, soit qu'on invoque pour cela directement les art. 1728 et 2277, soit, comme nous voudrions le faire, parce que l'exemple de la récolte trouve son analogie dans l'exercice annuel des commerçants et industriels, ou bien, en Allemagne, dans les foires annuelles de Leipzig. Nous n'ignorons pas qu'à Paris il y a l'usage de payer par édition de mille exemplaires, ce qui peut être regardé (en dehors de la coutume qu'il représente) comme une forme de récolte à terme irrégulier et avec paiement prénuméré à l'auteur (1).

133. Le paiement doit se faire au domicile de l'éditeur, à défaut de convention, lors même que le fermage serait en denrées.

134. Lorsque le prix consiste en une certaine quantité d'exemplaires de l'œuvre publiée, l'éditeur ne peut se libérer en offrant d'en payer le prix.

(1) Nous verrons plus loin, au chap. VI, pourquoi toutes ces dispositions basées sur une jouissance régulière et continuelle ne sont pas bien pratiques et presque contraires aux usages en matière d'édition.

autre fonds. (Toullier, nos 47 et 50.)

135. Les paiements faits *par anticipation* sur le loyer sont opposables aux créanciers chirographaires, malgré la saisie de l'immeuble, si les locataires n'étaient pas de connivence avec le propriétaire. (Douai, 26 fév. 1850, D.P. 52.2.78 ; Nîmes, 7 juill. 1852, D.P. 53.2.53.)

136. Ils le sont aussi aux créanciers hypothécaires, *inscrits depuis* que l'acte qui constate ces paiements a acquis date certaine. (Douai, 27 avril 1850, D.P.55 2. 191.)

137. Ils ne le seraient donc pas aux créanciers *inscrits avant* la date certaine des paiements (Bourges, 3 fév. 1851, D.P.55.2.15; Req., 23 mai 1859, D P.59.1.453.)

138. La loi du 23 mars 1855 exige la transcription de toute quittance ou cession d'une somme équivalente à trois années de loyers ou fermages non échus.

139. Il faudrait excepter ce qu'il est d'usage de faire payer d'avance, par mesure de garantie, comme à Paris, six mois pour les boutiques.

140. Enfin, les paiements par anticipation sont opposables aux tiers acquéreurs, s'ils sont constatés par acte ayant date certaine avant la vente. (Cass., 21 mars 1820; Dalloz, *Louage*, 354; Nîmes, 7 juill. 1852 précité.)

135. Les paiements faits *par anticipation* sur le prix sont opposables aux créanciers chirographaires, malgré la saisie de l'œuvre, si l'éditeur n'était pas de connivence avec l'auteur.

136-141. — Ces dispositions intimement connexes avec le caractère foncier de la chose louée du droit commun, ne seraient applicables au droit d'édition qu'au cas qu'une loi, comme par exemple celle proposée par M. Torrents-Monner au Congrès de Barcelone (1), aurait créé un registre d'inscriptions hypothécaires pour la propriété intellectuelle.

(1) V. Contrats éditoriaux et hypothèque intellectuelle, par M. Antonio Torrents y Monner (Barcelone, Association des Publicistes, 1893).

Et, s'ils ont été transcrits antérieurement à la vente, dans le même cas de quittance ou cession de trois années de loyers ou fermages non échus.	
141. Les paiements faits sans anticipation, c'est-à-dire pour les loyers échus, peuvent être opposés aux créanciers et aux tiers acquéreurs, alors même que les quittances n'ont pas de date certaine.	
142. Le défaut de paiement du loyer peut entraîner la résiliation du bail. (Art. 1728 et 1741, C. civ.)	142. Le défaut de paiement du prix peut entraîner la résiliation du contrat d'édition.
143. Il suffirait du retard d'un seul terme, si les loyers n'étaient payables que par année ; il en faudrait au moins deux, s'ils étaient payables tous les trois ou six mois. Il appartient aux tribunaux de décider, par les circonstances, s'il y a lieu d'user de ménagement envers le preneur, et même de lui accorder un délai modéré. (Douai, 29 déc. 1849, D.P.50.2.57.)	143. Il appartient aux tribunaux de décider, par les circonstances, s'il y a lieu d'user de ménagement envers l'éditeur, et même de lui accorder un délai modéré.
144. Lorsqu'il n'est intervenu aucune convention spéciale, la résolution n'a pas lieu de plein droit ; elle doit être demandée en justice. (Art. 1184, C. civ.)	144. Lorsqu'il n'est intervenu aucune convention spéciale, la résolution n'a pas lieu de plein droit ; elle doit être demandée en justice.
145. Mais lorsqu'il a été stipulé dans le bail qu'à défaut de paiement le bail serait résilié de *plein droit*, cette clause doit être exécutée, sans qu'il soit permis aux tribunaux d'accorder au débiteur un délai pour le paiement. (Art. 1134 et 1139, C. civ. ; Poitiers, 4 fév. 1847, D.P.47.2.13 ; Civ. c., 2 juill. D.P.60.1.284). En sens contraire,	145. Mais lorsqu'il a été stipulé dans le contrat qu'à défaut de paiement le contrat serait résilié de plein droit, cette clause doit être exécutée sans qu'il soit permis aux tribunaux d'accorder au débiteur un délai pour le paiement.

Paris, 27 mars 1843; Dalloz; *Louage*, 377.)

146. Il faut, dans tous les cas, que le preneur soit mis en demeure par une sommation de payer (art. 1656, C. civ.); ce n'est qu'après cette sommation, et à défaut par le preneur d'y satisfaire, que la résolution est irrévocablement encourue.

146. Il faut, dans tous les cas, que l'éditeur soit mis en demeure par une sommation de payer; ce n'est qu'après cette sommation, et à défaut par l'éditeur d'y satisfaire, que la résolution est irrévocablement encourue.

147. Pour obtenir qu'en cas de résiliation le locataire vide lieux sans délai et sans jugement, il est d'usage à Paris d'ajouter à la clause de résolution : « Il suffira « d'une simple ordonnance sur ré- « féré de M. le président du tribu- « nal civil pour que le locataire « soit tenu de vider les lieux im- « médiatement et sans délai. »

147. Pour obtenir qu'en cas de résiliation l'éditeur se désiste de l'œuvre sans délai et sans jugement, il sera bon d'ajouter à la clause de résolution la formule qui est d'usage à Paris pour faire vider de suite les lieux des baux à loyer. « Il suffira d'une simple ordonnance sur référé de M. le président du tribunal civil pour que l'éditeur soit tenu de rendre l'œuvre et s'abstenir de sa publication et vente immédiatement et sans délai. »

§ 3. — Obligation de souffrir les grosses réparations.

156. Si, durant le bail, la chose louée a besoin de réparations *urgentes et qui ne puissent être différées jusqu'à sa fin*, le preneur doit les souffrir, quelque incommodité qu'elles lui causent, et quoiqu'il soit privé, pendant qu'elles se font d'une partie de la chose louée.

§ 3. — Obligation de souffrir les grosses réparations.

156. Si, durant le contrat d'édition, l'œuvre a besoin d'amendements urgents et qui ne puissent être différés jusqu'à sa fin, l'éditeur doit les souffrir, quelque incommodité qu'ils lui causent, et quoiqu'il soit privé, pendant qu'ils se font, d'une partie de sa jouissance. Ainsi, si on venait de découvrir des *errata* dans une table de loga-

(1) Quant aux nos 148-155, nous les omettons en nous réservant, pour une étude ultérieure, l'examen de la question, quels impôts sont parallèles à ceux dus par le bailleur ou le preneur en bail de droit commun.

rithmes ou de formules d'artillerie ou chimie servant aux laboratoires officiels, ou si dans un livre thérapeutique on avait recommandé un traitement reconnu plus tard dangereux, l'éditeur devra arrêter la vente jusqu'à ce qu'il ait ajouté du moins une feuille d'avertissement. Il devra également différer la publication d'une carte des colonies asiatiques de la France prête à être imprimée pour servir à l'enseignement public jusqu'à ce que le cliché aura été revisé à l'égard d'un changement des frontières récemment intervenu. — Qu'on veuille faire attention à une singulière modification des dispositions du bail commun qui s'impose ici par suite du caractère spécial de la jouissance de l'éditeur. En bail à loyer ou à ferme, les réparations priveront le preneur d'une partie, en sens local, de sa jouissance, en s'étendant sur une quote-part de la chose louée : en droit d'édition celle-ci est indivisible quant à la jouissance qu'on peut en tirer, puisqu'on ne saurait, comme règle générale, continuer à vendre une partie et arrêter la vente du reste — ni parlant de toute l'édition, qui doit rester composée d'exemplaires identiques, ni parlant de chaque exemplaire individuellement. Voilà pourquoi nous avons remplacé correctement le dernier mot du texte de Clerc « chose » par « jouissance » ; ce n'est que la diminution de la jouissance que le preneur ressent comme un mal. — Au contraire, au point de vue du délai de la jouissance, voilà le bail à loyer et même celui à ferme qui subiront généralement une perte réelle de jouissance proportionnelle au temps que dure la réparation, tandis que la remise de la publication ou l'interception de la vente constituent, pour l'éditeur, certainement un mal, mais dépourvu de toute proportion au temps écoulé, à moins qu'on ne fasse pas un cas exagéré des intérêts du capital engagé. Le mal qu'éprouve l'éditeur doit être estimé en raison d'une autre mesure, savoir d'après toutes les circonstances du cas spécial et attendu aux conséquences de l'interruption involontaire qui peuvent être nulles, mais qui peuvent aussi bien être fatales à l'émission de l'œuvre, soit en la rendant impossible, soit inutile et incapable d'être vendue. Par conséquent, il sera loisible de libeller le prochain numéro ainsi :

157. Mais, si ces réparations durent plus de quarante jours, le prix de bail sera diminué à proportion du temps et de la partie de la chose louée dont il aura été privé.

157. Mais, si ces amendements entraînent une diminution considérable de la jouissance de l'éditeur, le prix du contrat sera diminué à proportion des profits qui lui auront échappé.

158. Si les réparations sont de telle nature qu'elles rendent inhabitable ce qui est nécessaire au logement du preneur et de sa famille, celui-ci pourra faire résilier le bail. (Art. 1724, C. civ. ; Paris, 14 avril 1862, D.P.62.2.155.)

158. Si les amendements sont de telle nature qu'ils rendent inutilisable ce qui est nécessaire à la vente de l'œuvre, l'éditeur pourra faire résilier le contrat.

159. Il résulte de cet article que le preneur a le droit de s'opposer aux réparations que le bailleur vou-

159. Il résulte de l'art. 1724 C. civ., que l'éditeur a le droit de s'opposer aux amendements que

drait faire, si elles peuvent être différées jusqu'à la fin du bail. Il n'est tenu de souffrir que celles dont l'urgence est démontrée.

161. Dès qu'il y a privation totale des lieux nécessaires à l'habitation du preneur, il peut faire résilier le bail, sans qu'il soit obligé d'attendre que cette privation ait duré plus de quarante jours. (Duvergier, n° 300 ; Duranton, n° 67 ; Troplong, n° 251 ; Rolland de Villargues, n° 319.)

162. On peut stipuler dans le bail que, dans aucun des cas prévus par l'art. 1724, et quels que soient la durée des travaux et l'inconvénient qui en résulte pour le preneur, il n'aura droit ni à une diminution de loyer, ni à la résiliation du bail. Mais cette clause sort tellement du droit commun, et presque de l'équité, que le notaire rédacteur ne doit l'insérer qu'avec une extrême réserve.

Art. 8. — Cession et résolution du bail.

§ 1er — Expiration du délai du bail. Tacite réconduction.

163. Le bail cesse de plein droit à l'expiration du terme fixé (art. 1737, C. civ.). Mais, si à cette époque, le preneur reste et est laissé en possession, il s'opère un nouveau bail dont l'effet est réglé par l'article relatif aux locations faites sans écrit (art. 1738, C. civ.) C'est ce qu'on appelle *tacite réconduction.*

l'auteur voudrait faire s'ils peuvent être différés jusqu'à la fin du contrat. Il n'est tenu de souffrir que ceux dont l'urgence est démontrée.

161. Dès qu'il y a privation totale de ce qui est nécessaire à la vente de l'œuvre, l'éditeur peut faire résilier le contrat sans qu'il soit obligé d'attendre que cette privation se soit manifestée effectivement.

162. On peut stipuler dans le contrat d'édition que, dans aucun des cas prévus par l'art. 1724, et quels que soient la durée des travaux et l'inconvénient qui en résulte pour l'éditeur, il n'aura droit ni à une diminution du prix ni à la résiliation du contrat. Mais cette clause sort tellement du droit commun, et presque de l'équité, que le rédacteur ne doit l'insérer qu'avec une extrême réserve.

Art. 8. — Cession et résolution du droit d'édition.

§ 1er — Expiration du délai. — Tacite réconduction.

163. Le contrat d'édition cesse de plein droit à l'expiration du terme fixé. Mais si à cette époque l'éditeur reste et est laissé en possession, il s'opère un nouveau contrat d'édition dont l'effet est réglé par l'article relatif aux locations faites sans écrit. C'est ce qu'on appelle *tacite réconduction.*

164. La loi n'a pas déterminé le temps pendant lequel le preneur doit être laissé en possession, pour qu'il y ait tacite réconduction. C'est un point abandonné à l'appréciation des tribunaux, qui doivent se déterminer d'après les circonstances et l'usage des lieux. (Discuss. Cons. d'État ; Pothier, n° 349 ; Marcadé, art. 1738, n° 1)

165. L'effet de la tacite réconduction peut être invoqué par le bailleur, comme par le preneur.

166. Pour se mettre à l'abri de toute présomption, le bailleur peut faire signifier au preneur une sommation d'avoir à quitter les lieux loués au terme fixé. Cette sommation peut être utilement donnée après l'expiration du délai de la location (Duranton, n° 119), et même dans la huitaine suivante. (Troplong, n° 455.)

167. Lorsqu'il y a un congé signifié, le preneur, quoiqu'il continue sa jouissance ne peut invoquer la tacite réconduction. (Art. 1639, C. civ.)

168. Si, dans le bail, il avait été formellement convenu qu'il n'y aurait pas de tacite réconduction, cette clause tiendrait lieu de l'avertissement. (Pothier, n° 354 ; Duranton, n° 123 ; Troplong, n° 459 ; Duvergier, t. 3, n° 22 ; Marcadé, art. 1738.)

169. En général, le bail opéré par tacite réconduction est censé consenti aux mêmes conditions que le premier : d'où il suit que le prix reste le même. (Pothier, n° 363 ;

164. La loi n'a pas déterminé le temps pendant lequel l'éditeur doit être laissé en possession pour qu'il y ait tacite réconduction. C'est un point abandonné à l'appréciation des tribunaux, qui doivent se déterminer d'après les circonstances et l'usage des lieux.

165. L'effet de la tacite réconduction peut être invoqué par l'auteur, comme par l'éditeur.

166. Pour se mettre à l'abri de toute présomption, l'auteur peut faire signifier à l'éditeur une sommation d'avoir à abandonner l'œuvre au terme fixé. Cette sommation peut être utilement donnée après l'expiration du délai du contrat et même dans la huitaine suivante.

167. Lorsqu'il y a un congé signifié, l'éditeur, quoiqu'il continue sa jouissance, ne peut invoquer la tacite réconduction.

168. Si dans le contrat il avait été formellement convenu qu'il n'y aurait pas de tacite réconduction, cette clause tiendrait lieu de l'avertissement.

169. En général, le contrat d'édition consenti par tacite réconduction est censé consenti aux mêmes conditions que le premier : d'où il suit, que le même prix est

Caen, 23 mai 1842 ; Dalloz, *Louage*, 584.)

172. Un bail peut être fait pour plusieurs périodes successives, trois, six ou neuf années, par exemple, avec faculté à chacune des parties de résilier au bout de trois ou six ans, en se prévenant un certain temps d'avance. C'est là une condition résolutoire protestative. La clause peut même n'être stipulée que dans l'intérêt de l'une des parties seulement, le bailleur ou le preneur. Si le bail est muet à cet égard, la faculté de résilier appartient à chacune des parties.

173. Aucune forme n'est réglée pour l'avertissement préalable : il serait donc valable donné verbalement, s'il était reconnu ; mais il est plus prudent de le donner par écrit, attendu qu'en général il ne peut pas être prouvé par témoins.

174. Le délai pour cet avertissement est celui réglé par les parties, et à défaut de stipulation, celui des congés ordinaires, s'il s'agit d'un bail à loyer, et au moins d'un an, s'il s'agit de biens ruraux. (Art. 1748, C. civ.)

175. Si le bail est fait par plusieurs copropriétaires indivis, le congé peut être donné par un seul d'entre eux. (Douai, 6 fév. 1828 ; en sens contraire, Nîmes, 19 avril 1831 ; Dalloz, *Louage*, 538 et 339.)

dû comme pour le premier contrat.

172. Un contrat d'édition peut être fait pour plusieurs périodes successives, trois, six ou neuf années par exemple, avec faculté à chacune des parties de résilier au bout de trois ans ou six ans, en se prévenant un certain temps d'avance. C'est là une condition résolutoire potestative. La clause peut même n'être stipulée que dans l'intérêt de l'une des parties seulement, l'auteur ou l'éditeur. Si le contrat est muet à cet égard, la faculté de résilier appartient à chacune des parties.

173. Aucune forme n'est réglée pour l'avertissement préalable : il serait donc valable donné verbalement, s'il était reconnu ; mais il est plus prudent de le donner par écrit, attendu qu'en général il ne peut pas être prouvé par témoins.

174. Le délai pour cet avertissement est celui réglé par les parties, et à défaut de stipulation, au moins d'un an.

175. Si le contrat d'édition est fait par plusieurs copropriétaires indivis, le congé peut être donné par un seul d'entre eux.

§ 2. — Inexécution des engagements respectifs. — Déconfiture et faillite. — Décès. — Occupation par le bailleur. — Fin du droit du bailleur sur la chose louée.

176. Le contrat de bail se résout par le défaut respectif du bailleur et du preneur de remplir leurs engagements. (Art. 1741, C. civ.)

177. Nous avons fait connaître dans les art. 5 et 7, les obligations de l'un et l'autre résultant de la loi. La disposition de l'art. 1741 s'appliquera également aux autres engagements résultant de la convention.

178. L'état de déconfiture ou de faillite du preneur peut, en certains cas, autoriser le bailleur à demander la résolution du bail, si mieux n'aiment le preneur ou ses représentants donner caution pour l'accomplissement de ses obligations, et à moins qu'il n'y ait d'ailleurs sûretés suffisantes. (Art. 1188, 1613 et 1656, C. civ.; Pardessus, t. 4, n° 1128; Troplong. n° 467; Duvergier, 538; Paris, 20 fév. 1847, D. P. 47. 4. 325; Req., 22 avril 1851, D. P. 51. 1. 347; Cass., 12 déc. 1861; *Rev. not.*, n° 148; 28 mars 1865, *Rev. not.*, n° 1413.)

179. Quant aux créanciers, ils ne sont pas recevables à demander, de leur chef, la résiliation du bail. (Duvergier, t. 3, n° 538; Troplong, n° 468.)

180. En cas de résiliation, par la faute du locataire, celui-ci est tenu de payer le prix du bail pendant le temps nécessaire à la relocation,

§ 2. — Inexécution des engagements respectifs. — Déconfiture et faillite. — Décès — Occupation par l'auteur. — Fin du droit de l'auteur sur l'œuvre.

176. Le contrat d'édition se résout par le défaut respectif de l'auteur et de l'éditeur de remplir leurs engagements.

177. Nous avons fait connaître, dans les art. 5 et 7, les obligations de l'un et de l'autre résultant de la loi. La disposition de l'art. 1741 s'appliquera également aux autres engagements résultant de la convention.

178. L'état de déconfiture ou faillite de l'éditeur peut, en certains cas, autoriser l'auteur à demander la résolution du contrat, si mieux n'aiment l'éditeur ou ses représentants donner caution pour l'accomplissement de ses obligations, et à moins qu'il n'y ait d'ailleurs sûretés suffisantes.

179. Quant aux créanciers, ils ne sont pas recevables à demander, de leur chef, la résiliation du contrat d'édition.

180. En cas de résiliation, par la faute de l'éditeur, celui-ci est tenu de payer, sans préjudice des dommages-intérêts qui ont pu ré-

sans préjudice des dommages-intérêts qui ont pu résulter de l'abus. (Art. 1760, C. civ.)

181. Le contrat de louage n'est point résolu par la mort du bailleur ni par celle du preneur (art. 1742, C. civ.) Mais les parties peuvent convenir que le bail cessera par le décès de l'une d'elles.

182. Pour éviter au bailleur des désagréments, en cas de décès du preneur, il est bon de stipuler que ses héritiers seront tenus indivisiblement du paiement du prix et de l'exécution de toutes les clauses du contrat.

183. Le bailleur ne peut résoudre la location, encore qu'il déclare vouloir occuper lui-même la maison louée, s'il n'y a eu convention contraire. (Art. 1761, C. civ.)

184. En cas de convention semblable, s'il n'est rien stipulé sur le délai d'avertissement, c'est celui des congés ordinaires. (Art. 1762, Cod. civ.) Et à moins de stipulation expresse, il n'est pas dû d'indemnité au preneur. (Troplong, n° 626.)

Si le bailleur vient à décéder, la faculté passe à ses héritiers. (Troplong, n° 629.)

185. Le bail n'est pas résolu par la cessation ou la résolution des droits du bailleur sur la chose

sulter de l'abus, une indemnité pour la perte que l'auteur pourrait éprouver parce qu'il est privé de la jouissance pendant le temps nécessaire à conclure un nouveau contrat avec un autre éditeur.

181. Le contrat d'édition n'est point résolu par la mort de l'auteur ou du propriétaire de l'œuvre, ni par celle de l'éditeur. Mais les parties peuvent convenir que le contrat cessera par le décès de l'une d'elles.

182. Pour éviter à l'auteur des désagréments, en cas de décès de l'éditeur, il est bon de stipuler que ses héritiers seront tenus indivisiblement du paiement du prix et de l'exécution de toutes les clauses du contrat.

183. L'auteur ne peut résoudre le contrat, encore qu'il déclare vouloir publier l'œuvre lui-même, s'il n'y a eu convention contraire.

184. En cas de convention semblable, s'il n'est rien stipulé sur le délai d'avertissement, c'est celui des congés ordinaires (V. n° 174). Et à moins de stipulation expresse, il n'est pas dû d'indemnité à l'éditeur.

Si le propriétaire de l'œuvre vient à décéder, la faculté passe à ses héritiers.

185-187. Le contrat d'édition n'est pas résolu par la cessation ou la résolution des droits de l'auteur louée. Doivent être entretenus, après la cessation des droits du bailleur, les baux faits sans fraude par le mari, des biens de sa femme par l'usufruitier, par un grevé de substitution, par l'acquéreur à réméré, par l'acquéreur dont la vente est résolue pour défaut de paiement du prix ou pour cause de lésion ; par le donataire dont le droit a été résolu par une des causes qui peuvent amener cette résolution ; enfin par les envoyés en possession, provisoire, en cas de retour de l'absent. (*Voyez* à ce sujet, section 2, art. 1 et 2.)

186. Il en est de même du bail consenti par un adjudicataire évincé par l'effet d'une surenchère (Cass., 16 janv. 1827), à moins que, par sa longue durée et à raison du peu d'importance de l'immeuble, il ne rende illusoire le droit de surenchère. (Orléans, 10 janv. 1860, D. P. 60. 5. 374.)

187. Dans les différents cas énumérés ci-dessus, le bail ne peut être opposé qu'autant qu'il a acquis date certaine au moment où le droit du bailleur a cessé.

§ 3. — Aliénation de la chose louée.

188. Si le bailleur vend la chose louée, l'acquéreur ne peut expulser

sur l'œuvre (1). Doivent être entretenus, après la cessation des droits du propriétaire, les contrats d'édition faits sans fraude par le mari, des biens de sa femme, par l'usufruitier, par un grevé de substitution, par l'acquéreur à réméré, etc.

§ 3. — Aliénation de l'œuvre.

188. Si l'auteur vend l'œuvre, l'acquéreur ne peut évincer l'édi-

(1) Il n'est question ici que des cas de cessation où un autre propriétaire prend la place de celui qui a conclu le contrat d'édition, sans que celui-ci lui ait cédé l'œuvre. Ce dernier cas est traité aux nos 188 et suivants ; le cas où la propriété elle-même cesse d'exister et où il y a, naturellement, de même cessation des droits de l'auteur, est traité aux nos 66 et suivants.

le fermier ou le locataire qui a un bail authentique ou dont la date est certaine, à moins qu'il ne se soit réservé ce droit par le contrat de bail. (Art. 1743, C. civ.)

189. L'acquéreur ne peut expulser de suite le preneur dont le bail n'a pas date certaine ; il est toujours obligé de lui donner congé suivant l'art. 1748.

190. La disposition de l'art. 1743 s'applique à tous les acquéreurs, soit à titre de vente, soit à titre de donation ou de legs, même à celui qui n'a acquis que l'usufruit. (Proudhon, *Usuf.*, n° 2223 ; Troplong, n° 499.)

191. Quoique le bail authentique ou ayant date certaine ne soit pas encore commencé au jour de la vente, l'acquéreur n'est pas moins tenu de souffrir son exécution. (Troplong, n°s 493 et suiv., Chambéry, 28 nov. 1862, D. p. 63.2.67. ; *Contrà* Duranton, n° 139 ; Duvergier, n°s 541 et 281.)

192. Le bailleur peut se réserver la faculté d'expulser en cas de vente. Il faut expliquer clairement, dans le bail, l'intention des parties à ce sujet.

194. Il est nécessaire, pour que l'acquéreur puisse expulser le preneur, que la clause du bail soit rappelée dans l'acte de vente. (Duranton, n° 148 ; Troplong, n° 511. — *Contrà*, Rolland de Villargues, n° 443 ; Duvergier, n° 543 ; Dalloz, *Louage*, 510.)

195. De ce que l'acquéreur a la faculté de résoudre le bail, il ne

teur qui a un contrat authentique ou dont la date est certaine, à moins qu'il ne se soit réservé ce droit par le contrat d'édition.

189. L'acquéreur ne peut déposséder de suite l'éditeur dont le contrat n'a pas date certaine ; il est toujours obligé de lui donner congé suivant l'art. 1748.

190. La disposition de l'art. 1743 s'applique à tous les acquéreurs, soit à titre de vente, soit à titre de donation ou de legs, même à celui qui n'a acquis que l'usufruit.

191. Quoique l'exécution du contrat d'édition authentique ou ayant date certaine ne soit pas encore commencée au jour de la vente, l'acquéreur n'est pas moins tenu de la souffrir.

192. L'auteur peut se réserver la faculté de déposséder en cas de vente.

194. Il est nécessaire, pour que l'acquéreur puisse déposséder l'éditeur, que la clause du contrat d'édition soit rappelée dans l'acte de vente.

195. De ce que l'acquéreur a la faculté de résoudre le contrat d'édi-

s'ensuit pas que la même faculté doive exister pour le preneur. La réciprocité n'est pas de l'essence du contrat de louage. (Troplong, n° 517 ; Duvergier, n° 551.)

196. Mais si, par une clause du contrat de vente, l'acquéreur avait été chargé d'entretenir le bail, le preneur pourrait, à son tour, invoquer l'effet de cette clause.

197. Dans quel délai l'acquéreur doit-il user de la faculté d'expulser le preneur ? La loi ne le dit pas ; il a cette faculté tant qu'il n'y a pas renoncé expressément ou tacitement, par exemple, en recevant les loyers du preneur, sans réserve. C'est un point de fait qui doit être laissé à l'appréciation des juges. (Polland de Villargues, n° 478.)

198. Lorsque l'acquéreur expulse le preneur, parce que son bail n'est pas authentique ou n'a pas date certaine, il n'est tenu d'aucuns dommages-intérêts (art. 1750, C. civ.) Mais, s'il expulse en vertu d'une clause du bail, l'acquéreur doit indemniser le preneur *si le contraire n'a été convenu*, et, à défaut de fixation par le bail, l'indemnité se règle de la manière expliquée dans les art. 1745, 1746 et 1747.

200. L'acquéreur, sauf le cas de bail sans date certaine, n'a pas plus de droit que le bailleur lui-même ; il faut aussi une *clause expresse* dans le bail, pour qu'il puisse expulser le fermier.

tion, il ne s'en suit pas que la même faculté doive exister pour l'éditeur. La réciprocité n'est pas de l'essence du contrat d'édition.

196. Mais si, par une clause du contrat de vente, l'acquéreur avait été chargé d'entretenir le contrat d'édition, l'éditeur pourrait, à son tour, invoquer l'effet de cette clause Cela peut être d'importance contre un acquéreur par legs.

197. Dans quel délai l'acquéreur doit-il user de la faculté de déposséder l'éditeur ? La loi ne le dit pas ; il a cette faculté tant qu'il n'y a pas renoncé expressément ou tacitement, par exemple, en recevant le prix de l'éditeur, sans réserve. C'est un point de fait qui doit être laissé à l'appréciation des juges.

198. Lorsque l'acquéreur dépossède l'éditeur parce que son contrat n'est pas authentique ou n'a pas date certaine, il n'est tenu d'aucuns dommages-intérêts. Mais s'il le fait en vertu d'une clause du contrat, l'acquéreur doit indemniser l'éditeur *si le contraire n'a été convenu*, et à défaut de fixation par le contrat d'édition, l'indemnité se règle de la manière expliquée dans les art. 1745, 1746 et 1747.

200. L'acquéreur, sauf le cas de bail sans date certaine, n'a pas plus de droit que l'auteur lui-même ; il faut aussi une *clause expresse* dans le contrat d'édition pour qu'il puisse déposséder l'éditeur.

Sect. III.

Sect. IV. — Des règles particulières aux baux a ferme.

Art. 1er. — Garantie de la contenance.

217. Si, dans un bail, on donne aux fonds une contenance moindre ou plus grande que celle qu'ils ont réellement, il n'y a lieu à augmentation ou diminution de prix pour le fermier que dans les cas et suivant les règles exprimés au titre de la vente (art. 1765, Cod. civ.). *Voy.* art. 1616 et suiv., C. civ., et chap. 11 du présent titre.

Sect. III (1).

Sect. IV. — Des règles particulières aux baux a ferme s'appliquant aux contrats d'édition.

Art. 1er. — Garantie de la contenance.

217. Si, dans un contrat d'édition, on donne à l'œuvre une étendue moindre ou plus grande que celle qu'elle a réellement, il n'y a lieu à augmentation ou diminution de prix pour l'éditeur que dans les cas et suivant les règles exprimés aux titres de la vente. C'est-à-dire que si la contenance a été indiquée et le prix fixé à raison de tant la feuille, l'auteur est obligé de souffrir une diminution proportionnelle du prix. Si, au contraire, il se trouve une contenance plus grande, l'éditeur a le choix de fournir le supplément du prix ou de se désister du contrat, si l'excédant est d'un vingtième au-dessus de la contenance déclarée. Dans tous les autres cas, l'expression de la contenance ne donne lieu à aucun supplément ni diminution de prix qu'autant que la différence est d'un vingtième en plus ou en moins, eu égard à la valeur de la totalité des objets en question. Du moment qu'il y a alors lieu à augmentation du prix pour excé-

(1) De la section III, « des règles particulières aux baux à loner » on ne saurait déduire des principes analogues pour le droit d'édition, parce que le bail à loyer ne comprend qu'un usage de la chose louée et non pas une jouissance.

Art. 2. — Obligations particulières du fermier.

224. Indépendamment des obligations générales que nous avons fait connaître dans les articles précédents, le fermier est encore tenu de quelques obligations particulières.

225. Si le preneur d'un héritage rural ne le garnit pas des bestiaux et des ustensiles nécessaires à son exploitation, et qu'il en résulte un dommage pour le bailleur, celui-ci peut, suivant les circonstances, faire résilier le bail et même demander des dommages-intérêts (art. 1764, Code civ.)

226. Si le fermier abandonne la culture, s'il ne cultive pas en bon père de famille, s'il emploie la chose louée à un autre usage que celui auquel elle a été destinée, la résiliation peut également avoir lieu. (Même art. 1776.)

230. Le preneur d'un bien rural est tenu, sous peine de tous dépens, dommages et intérêts, d'avertir le

dent de mesure, l'éditeur a le choix ou de se désister du contrat ou de fournir le supplément du prix. S'il se désiste, l'auteur doit encore lui restituer les frais du contrat. Les actions de part et d'autre pour ces réclamations se prescrivent dans le délai d'un an.

Il est loisible aux parties de modifier ces dispositions de la loi.

Art. 2. — Obligations particulières de l'éditeur.

224. Indépendamment des obligations générales que nous avons fait connaître dans les articles précédents, l'éditeur est encore tenu de quelques obligations particulières (1).

225. Si l'éditeur n'emploie pas les manœuvres et matériaux nécessaires à l'exploitation de l'œuvre, et qu'il en résulte un dommage pour l'auteur, celui-ci peut, suivant les circonstances, faire résilier le contrat et même demander des dommages-intérêts.

226. Si l'éditeur abandonne la publication, s'il ne publie ni vend en bon père de famille, s'il emploie l'œuvre à un autre usage que celui auquel elle a été destinée, la résiliation peut également avoir lieu.

230. L'éditeur est tenu, sous peine de tous dépens, dommages et intérêts, d'avertir le propriétaire

(1) Par suite de la transformation que nous leur appliquons, ces articles doivent nécessairement ressembler à quelques-uns des antérieurs.

propriétaire des usurpations qui peuvent être commises sur les fonds. Cet avertissement doit être donné dans le même délai que celui qui est réglé en cas d'assignation, suivant la distance des lieux (art. 1768, C. civ.).

des usurpations qui peuvent être commises sur la propriété de l'œuvre. Cet avertissement doit être donné dans le même délai que celui qui est réglé en cas d'assignation, suivant la distance des lieux.

Cette obligation de veiller sur les intérêts de l'auteur, dont on a parfois voulu faire le fameux mandat de l'éditeur, se trouve ainsi toute établie, comme règle du droit commun pour tous les baux, comme simple corrélatif de la protection que le preneur réclame du bailleur, l'éditeur de l'auteur, en cas d'attaque à la propriété louée. Nous voyons dans ce fait une des plus fortes preuves de l'analogie des deux contrats que nous comparons.

234. Celui qui cultive sous la condition d'un partage de fruits avec le bailleur ne peut ni sous-louer, ni céder, si la faculté ne lui en a été accordée expressément par le bail (art. 1763, C. civ.).

234. Celui qui fait l'édition sous la condition d'un partage des bénéfices avec l'auteur, ne peut ni sous-louer ni céder, si la faculté ne lui en a été accordée expressément par le contrat d'édition.

235. En cas de contravention, le propriétaire a le droit de rentrer en jouissance, et le preneur est condamné aux dommages-intérêts, résultant de l'inexécution du bail (art. 176[illegible], C. civ.).

235. En cas de contravention, l'auteur a le droit de rentrer en jouissance, et l'éditeur est condamné aux dommages-intérêts, résultant de l'inexécution du contrat.

236. Le propriétaire ne peut pas, sous prétexte que les biens affermés sont mal cultivés, être autorisé à sous-louer aux risques du preneur. (Douai, 16 juin 1847, D. P. 49.2.246.)

236. L'auteur ne peut pas, sous prétexte que l'édition est mal faite, être autorisé à sous-louer aux risques de l'éditeur.

Art. 3. — Indemnité due au fermier pour pertes de récoltes.

Art. 3. — Indemnité due au fermier pour pertes de récoltes (1).

(1) Ces dispositions n'ont pas d'application au contrat d'édition, parce

Art. 4. — Obligations respectives du fermier sortant et du fermier entrant.

Art. 4. — Obligations respectives de l'éditeur dont le contrat expire et de celui dont le nouveau contrat commence.

Cet article nous entraîne à une des différences apparentes du droit d'édition et du droit de bail ordinaire, à laquelle il faudra vouer, vu son importance, un chapitre spécial.

Chapitre VI. — La durée du contrat d'édition.

252. Le fermier sortant ne peut rien faire qui diminue ou retarde la jouissance du fermier entrant.

252. L'éditeur dont la jouissance expire ne peut rien faire qui diminue ou retarde la jouissance de l'éditeur à venir — ou de l'auteur rentrant en jouissance exclusive de sa propriété.

Les autres dispositions qui règlent ce transfert (Clerc, numéros 253-256), tout en recommandant des stipulations spéciales, ou l'observation des usages locaux, enseignent des mesures de prévoyance, pour la continuité des cultures, auxquelles le fermier sortant est astreint. Ce sont les obligations positives qui font pendant à la disposition négative du numéro 252. Mais c'est la nature de l'agriculture, seule, qui rend nécessaire cet échange de bons procédés qui restera,

que leur vigueur est limitée aux cas fortuits *ordinaires*, c'est-à-dire aux désastres reconnus comme nuisant à reprises certaines, bien qu'à intervalles irréguliers, à l'agriculture et qui, par conséquent, doivent être supportés en partie par le propriétaire de la chose à laquelle de tels vices sont afférents. La grêle, le feu du ciel, etc , qui sont de ce nombre dans leurs rapports à l'agriculture, ne devraient pas être envisagés de la même façon quant à leur influence éventuelle pour la destruction d'une édition ; ils y compteraient parmi les cas fortuits *extraordinaires* — auxquels la chose louée n'est pas ordinairement sujette — et pour cette raison le péril en serait tout à la charge de l'éditeur.

d'ailleurs, toujours assez précaire; les saisons alternantes ne permettent pas d'interruption des travaux sans qu'une diminution considérable des fruits s'ensuive infailliblement.

Ce n'est pas là le cas de l'exploitation d'une œuvre. D'abord, une double exploitation par voie de publication, deux éditions simultanées faites par différents éditeurs ne sont pas impossibles; moins encore le commencement immédiat de l'une après l'expiration de l'autre. Après avoir été une fois imprimée, l'œuvre n'est plus attachée au manuscrit dont, au contraire, chaque épreuve imprimée tiendra utilement lieu; un refus, de la part de l'éditeur, de rendre le manuscrit à l'auteur ou de le remettre à son successeur, serait donc à peine nuisible. Voilà pourquoi, et vu les usages établis, il n'y a pas de raison de régler par des mesures extraordinaires le transfert du droit d'édition de l'un à l'autre.

Après ce constat, il sera facile de s'acquitter du règlement des droits et obligations de l'éditeur dont le droit expire. L'acte de publication n'est, en effet, que la semence dont la vente est la récolte. Cette récolte ne se fait pas en périodes régulières: nous avons vu la même chose en droit commun, au sujet des baux de chasse, de pêche, d'usine, etc. L'écoulement de l'édition se réalise peu à peu. Si cette opération n'était pas terminée lors de l'expiration du contrat, il n'y a, évidemment, aucun droit à une continuation de la vente, qui représente la partie essentielle de la jouissance, de cette jouissance qui, justement, vient d'être terminée. Mais cette solution, peu satisfaisante parce qu'elle condamnerait parfois le reste d'une édition qui pourrait bien être utilisé, n'aurait lieu que quand on mesurerait, (comme nous l'avons forcément fait jusqu'ici, pour ne pas confondre le parallèle dont nous nous occupons), la durée du droit d'édition d'après les délais d'années, mois et jours.

Or, personne n'ignore que ce n'est pas là ce qui est d'usage ; nous n'avons qu'à examiner de plus près la nature de la jouissance des différents baux, pour trouver que cette mesure primitive ne s'applique pas logiquement à l'édition.

L'usage des lieux loués par le bail à loyer est, en principe, continuel ; voilà pourquoi on trouve les périodes les plus variées comme termes de sa durée. La jouissance du bail à ferme dépend de la période des récoltes agricoles : nous y trouvons tout réglé par époques annuelles, au moins, et cette année n'est pas celle du calendrier civil, mais elle commencera avec la préparation des champs pour une nouvelle semence, et se terminera après la récolte. Ainsi, elle variera un peu pour les jardins et vignes, champs et prés, respectivement. On parle d'une *campagne* dans l'exploitation d'une usine, et d'un *exercice* dans celle d'une entreprise financière et commerciale. Ce ne sont que rarement des coupures faites à volonté dans le laps continuel du temps ; la plupart s'opèrent par des circonstances extérieures, indépendantes de la volonté ; elles ne sont peut-être pas toutes inévitables, mais tout à fait indiquées, pour la plupart, par un temps de calme et de liquidation achevée des comptes et risques engagés pendant la haute saison de l'entreprise. Mais il y a des métiers et entreprises qui forcent la main aux entrepreneurs sous ce rapport ; ainsi, les comptes des charges et bénéfices d'un transport maritime ne sauraient être dépouillés et réglés, entre les différentes parties intéressées, qu'après le retour du bateau au port de départ. Le bail d'un bateau, pour une traversée, sera nécessairement mesuré, non pas selon la durée de tant de jours de marche, mais pour la traversée une et indivisible. Cela ne transforme pas la nature du bail ; il n'y a, par suite de cette disposition, ni louage d'ouvrage ni de services, mais bien louage d'une chose. Le but indiqué, la traversée déterminée, n'est point tellement essentiel que le bailleur souffrirait si, après une période équivalente à celle qui est devisée pour la traversée à Rio, le bateau revenait sans avoir abordé le Brésil, ayant changé son cours pour Trinidad, ou retournant d'à moitié chemin pour avoir rencontré un autre navire en détresse, et trouvé bon de le remorquer en Europe, au lieu de poursuivre sa course première. Voilà ce qu'il en est : la jouissance est bien mesurable et mesurée, selon le laps du temps, bien que la durée de celui-ci ne se détermine pas par quantités numéraires de jours, mais par un but qui, selon l'usage et les circonstances, demande et représente, sous un nom collectif et par sa nature même, un nombre plus ou moins fixe de jours. Or, voici ce qui arrive : les parties d'une convention qui a pour objet une prestation pour une telle entreprise, n'ont qu'un intérêt commun d'abréger, autant que possible, la jouissance ; car la jouissance n'est pas toujours un avantage et entraîne, nous l'avons vu, bien des charges en dehors du prix de bail qui peuvent même surpasser le montant de celui-ci. Connaissant le minimum ainsi que le maximum probable de la durée de l'entreprise, les parties fixent une indemnité unique pour l'écoulement régulier du laps de temps qui y est nécessaire, et stipulent ou laissent à la loi de décider ce qui aura lieu en cas extraordinaire. Ce cas étant également désagréable à tous les deux intéressés, on trouve toujours moyen de s'entendre sur la répartition équitable du risque, pouvant être convaincu, de part et d'autre, de la bonne foi de l'adversaire, par suite de son propre intérêt engagé.

C'est là ce qui est aussi la règle pour les contrats d'édition : le terme de l'épuisement d'une édition n'est pas facile prévoir, mais l'intérêt des deux parties intéressées à la vente est engagé également à hâter ce dénoûment final. L'auteur, même s'il est désintéressé, par un prix fixe reçu d'avance, de toute l'édition, doit désirer de pouvoir contracter pour une seconde édition ; l'éditeur doit désirer de rentrer dans ses fonds et percevoir ses bénéfices aussi vite que possible. Voilà pourquoi l'avantage mutuel a créé l'habitude de stipuler les éditions, non pas pour un délai fixé en nombre de jours et mois, mais pour le délai déterminé par la vente d'un certain nombre d'exemplaires de l'œuvre publiée d'une édition.

Nous n'ignorons pas qu'on contracte souvent pour plusieurs éditions à la fois — ce n'est qu'un autre mode de compter ; car peu importe à l'auteur si les tirages ont lieu à la fois ou à différentes reprises, si tel est le bon plaisir de l'éditeur qui aime mieux ne pas risquer les frais de la quantité double de papier et risque plutôt les frais éventuels, après réussite, d'une impression nouvelle. C'est une question de calcul et de tempérament, non pas de droit. Nous ne sommes non plus sans savoir que, surtout en Allemagne, on abandonne parfois à l'éditeur la fixation du nombre d'exemplaires qu'il veut tirer — même si le prix est fixe : c'est, néanmoins, une édition déterminée, bien que déterminée par tacite consentement de l'auteur, quelque temps après le reste des stipulations du contrat. Car une fois le nombre d'exemplaires tiré, il n'est pas loisible à l'éditeur de recommencer et faire une nouvelle édition sans nouvelle convention expresse ou tacite, voire surtout sans nouvelle rétribution payée à l'auteur. Voilà pourquoi ces cas ne représentent pas des exceptions à la règle que nous venons de constater.

Dans ces stipulations, l'expiration du bail de l'œuvre, du droit d'édition, coïncide absolument avec l'expiration de la jouissance effective, avec la vente des derniers livres, avec la perception des derniers bénéfices. Et même si, prudemment, l'auteur s'était réservé le droit de faire un nouveau contrat d'édition quand la précédente quantité d'exemplaires imprimés n'était épuisée que jusqu'à un certain point, il n'aura pas de difficulté de s'arranger au sujet de ce reste de l'édition antérieure ; ou il en aura été alors disposé à l'amiable par la même clause du contrat, ou ce reste de l'édition continuera, comme avant, d'être l'objet de jouissance de son éditeur, encombrée, il est vrai, mais sciemment et d'après commun accord, par une autre jouissance simultanée du nouvel éditeur.

Répétons-le encore une fois : la jouissance consiste essentiellement dans la perception d'argent ; elle est pour cela même divisible en tout sens. A partir du moment où les livres sont prêts à la vente, s'il s'agit après un certain temps d'une nouvelle édition et qu'il n'y a, par conséquent, plus de doutes sur la vénalité du reste de l'antérieure, ce reste n'est plus qu'une *denrée valant tant*, et il n'y a aucune règle spéciale à établir pour cette marchandise, dans laquelle, dès lors, il n'y a plus rien de significatif et spécial à ménager.

Ce ne sera donc pas la série de cas que nous venons d'examiner, qui éveillera les doutes juridiques dont il a été question plus haut. Ce seront plutôt les cas de résiliation forcée, soit d'après la loi, soit d'après stipulation, pour le cas d'une contravention ou inexécution du contrat d'édition. C'est alors qu'il y aura divergence absolue des intérêts de part et d'autre, qu'il faudra s'attendre à mauvaise volonté et même à mauvaise foi: *videant consules !*

Mais, en établissant simplement la situation légale des parties pour le cas où, par référé ou jugement ou de plein droit le contrat d'édition aurait été résolu, on trouve que l'éditeur manque, dès lors, de tout droit à publier et vendre l'œuvre. Il sera comme le premier venu, *contrefacteur*, du moment qu'il usurperait la continuation de ce droit. Il serait donc passible des mêmes pénalités et, ce qui nous intéresse surtout pour notre question, il est déchu de tout droit de disposer des livres qui représentent l'œuvre de l'auteur. Il n'y a que la défense, pour celui-ci, de s'enrichir au détriment d'un autre, qui intervienne en faveur de l'éditeur, et lui constitue un droit au remboursement de ses dépenses, si l'auteur veut exercer son droit de prendre les livres. Ce droit auquel l'auteur peut, d'ailleurs, renoncer, est une partie de la réparation du dommage à lui causé par la résolution du contrat d'édition et qui serait bien autrement grave, si, en refusant ce droit à l'auteur, on voulait le forcer de passer un nouveau contrat et d'attendre l'apparition de la nouvelle édition avant de voir circuler son œuvre. Telle serait, d'ailleurs, la raison d'augmentation de ses dommages-intérêts, si l'éditeur anéantissait les livres ou les parties préparées de ceux-ci, pour les soustraire à la revendication de l'auteur.

La même défense de s'enrichir au détriment d'un autre, entraînera l'obligation de l'éditeur, au cas de résiliation du contrat de sa part par suite d'une contravention de l'auteur, de remettre à celui-ci ce qu'il y a de préparé de l'édition contre rétribution des dépenses. Cela s'entend sans préjudice des dommages-intérêts qui pourraient être dus à l'éditeur par rapport à ladite contravention.

Les droits et obligations établis de cette façon n'ont rien d'anormal, ils sont analogues à ceux qui ont lieu dans tous les cas de résiliation d'un contrat synallagmatique, et il n'y a pas de raison pour eximer celui d'édition de ces conséquences reconnues pour tout autre par la jurisprudence des siècles, et dictées, on ne saurait le nier, par l'équité. Voudra-t-on se récrier parce que l'éditeur qui, par sa faute, a donné lieu à la résiliation, peut avoir une quantité de livres en magasin qu'il ne doit plus vendre ? ou parce que l'auteur, en son cas, doit payer des frais d'impression sans en avoir tiré le moindre profit? Cela arrive tous les jours au sujet d'une livraison ou vente quelconque.

Nous rappelons, en résumant, que nous sommes arrivés à ce résultat satisfaisant, rien qu'en demandant que la durée du contrat d'édition soit fixée en rapport avec les nécessités et usages du métier auquel il s'applique, et non pas en désaccord complet avec les exigences légitimes et naturelles de la librairie. On ne saurait taxer cette particularité, que nous revendiquons, d'insolite ; on devrait alors refuser, à plus forte raison, de compter le salaire des fonctionnaires et employés par mois, et celui des ouvriers par journées et même par heures de travail, et il faudrait alors adopter une égalité uniforme qui serait, par son mépris des différences immanentes des choses et institutions de la vie civilisée, le comble de l'inégalité aussi bien que de l'iniquité.

Cependant, les parties peuvent trouver bon quand même de passer le contrat d'édition pour un temps déterminé, à délai fixe. Du moment que ce n'est pas la règle légale, mais une exception stipulée expressément, c'est aux parties de prévoir les difficultés de la liquidation finale et d'y pourvoir d'avance. Aussi, un contrat d'édition à long terme, à vie, même pour toute la durée qu'accordent au droit d'auteur les législations actuelles, n'est pas contraire au droit que nous venons d'analyser (voir plus haut les numéros 27 et suivants) ; et quant au résultat économique d'un tel lien, nous nous souvenons des louanges poétiques de Henri Heine, à l'adresse de son éditeur Campe, avec lequel il a été, de fait, lié d'une façon semblable, bien que ce fut sous le régime d'une législation et même d'une théorie de droit tout à fait différentes.

CHAPITRE VII. — RÉSULTATS ET CONSÉQUENCES.

Nous croyons avoir obtenu deux résultats : d'abord, avoir prouvé par la déduction aussi bien que par la comparaison avec les dispositions parallèles d'une autorité incontestée, que le contrat d'édition est un louage de chose, caractérisé par la nature de cette chose, de l'œuvre, et par la manière de la jouissance restreinte à celle par voie de publication. D'autre côté, nous pensons avoir démontré, par la composition d'une collection systématique de toutes les dispositions légales et arrêts de la jurisprudence, qui régiraient désormais le contrat d'édition, qu'il n'y aurait lieu à craindre ni un bouleversement de l'état actuel des choses, ni des iniquités, si notre thèse principale était généralement adoptée.

Le premier de ces résultats s'adresse à nos confrères en jurisprudence, le second à nos collègues ès lettres, à nos co-intéressés les artistes et à nos auxiliaires, les libraires-éditeurs. Ni l'adhésion des uns, ni celle des autres ne saurait nous satisfaire ; il nous faut l'approbation universelle pour que notre thèse puisse passer en force de chose jugée. Car l'assentiment des gens de loi seul, équivaudrait au blâme que ce que nous établissons est une théorie, dépourvue d'utilité pratique ; l'approbation des gens de lettres et éditeurs, de l'autre côté, n'entraînerait pas la sanction des Cours et Tribunaux qui, tôt ou tard, serait la conséquence pratique de l'approbation des jurisconsultes.

Nous espérons, néanmoins, que les intéressés, auteurs et éditeurs, voudront reconnaître la nécessité d'un examen approfondi de ce que nous venons d'avancer, si ce n'était que par rapport aux conséquences éminemment désirables que nous considérons indissolublement amenées par l'adoption de notre théorie, et dont nous énumérons quelques-unes, avant de laisser en concluant la parole à la critique.

Nous avons déjà plus haut (au chapitre III) fait valoir les avantages d'une classification bien fixée dans le système du droit commun, d'un genre de contrats qui, jusqu'ici, n'ont pas encore trouvé une détermination assurée ; ces avantages, nous les avons mis au jour en puisant, dans le premier manuel venu, tout un code détaillé d'arrêts et d'opinions bien pesés en matière analogue, et applicables *cum grano salis* à toutes les questions compliquées qui pourraient se produire. Un différend sur le droit d'éditeur n'est pas un cas de routine et sera exposé à ne pas rencontrer partout et toujours un magistrat versé dans ce droit spécial ; tandis que tout juge se connaît en matière de baux et, encouragé par une jurisprudence des Cours, ou invité par la loi (voir chapitre III), à se servir de cette analogie, il saura se débrouiller plus promptement et plus sûrement.

Mais à part cela, nous avons également déjà effleuré la ressemblance du droit de louage chez tous les peuples civilisés (1) : il en résultera pour le règlement du droit de cette industrie importante et vraiment internationale de la librairie, l'heureux effet d'être muni d'une presque égalité des principes et même des détails dans tous ces pays, sauf les différences émanant de l'intervention des coutumes et usages locaux. Mais déjà l'égalité des principes du droit est un avantage considérable qui facilitera l'entente pour les contrats d'auteurs et d'éditeurs de nationalité différente, et évitera, en cas de défaut de convention, des surprises par trop cruelles à la partie qui sera forcée de prendre justice à l'étranger.

En étendant encore nos cercles, nous rappellerons que la plupart des théories et déductions établies plus haut à l'égard de la jouissance par voie de publication, peuvent être, immédiatement et sans restriction, appliqués aux autres genres de jouissance que nous y avons rencontrés (2). Ainsi, les règles sur la représentation d'une œuvre, sur son exposition ou lecture publique et surtout sur sa traduction, seront les mêmes, en principe et dans une foule de détails, que celles que nous avons aussi minutieusement examinées par rapport à l'édition. Nous nous réservons de revenir à ce sujet ; qu'il suffise de quelques mots pour la présente discussion. Pour la représentation, l'exposition, la lecture en conférence, etc., on suivra notre idée sans difficulté ; pour la traduction, il n'est peut-être pas inutile de déchiffrer les faits qui se produisent et leur portée en droit. Le traducteur n'est pas le mandataire de l'auteur ; il n'a rien à représenter ni aucun acte légal à exécuter. Ce que l'auteur veut,

(1) V. chap. III, p. 16

(2) V. chap. II, p. 13.

en faisant traduire ou consentant à ce qu'on traduise son œuvre, c'est encore gagner de l'argent par la publication qui, cette fois, est caractérisée par ce fait qu'elle ne s'opère pas par l'impression de l'œuvre telle qu'elle est, mais après qu'elle a subi une spécification. Or, celui qui opère cette spécification, ne la fait point pour acquérir ainsi la propriété de la chose spécifiée : ce n'est ni le cas ni du tout possible. Il la fait parce qu'il y voit un moyen d'arriver à son seul objet : faire de l'argent par le moyen de cette transformation de l'œuvre de l'auteur. Pour arriver à percevoir cet argent, il fera d'abord lui-même la traduction et, ensuite, il procèdera à la publication et la vente par l'entremise d'un éditeur. Cet éditeur sera le sous-loueur de l'œuvre.

Si l'auteur n'avait fait que commander la traduction à quelqu'un pour la faire publier plus tard lui-même, le cas serait différent ; il y aurait alors un louage d'ouvrage fait avec le traducteur, et un louage direct de chose avec l'éditeur. On verra que, dans le cas précédent, où il y a sublocation, les droits et obligations de chacune des parties sont bien définies ; l'auteur n'a rien à faire directement avec l'éditeur-sublocataire, mais il exerce, en cas de contravention de celui-ci, donnant lieu à la résiliation du bail, une puissance bien autrement énergique que celle du propriétaire d'un immeuble, par ses actions correctionnelles pour lesquelles il n'y a besoin ni de dol, ni de négligence à prouver, mais simplement de la preuve du manque survenu de droit de l'éditeur.

Nous n'ignorons pas l'importance de la complication qui pourrait s'opérer dans cet état simple des choses, du moment qu'on envisage, en dehors des questions économiques, les droits d'auteur proprement dits. Le traducteur a les siens propres, indépendants de ceux de l'auteur, sur la traduction qui est son œuvre. Mais il y a une coïncidence parfaite avec les relations réciproques d'intérêt économique. Car, autant que les trois intéressés, auteur, traducteur et éditeur, travaillent d'accord à leur avantageuse entreprise, chacun dans son rôle spécial, le droit d'auteur du traducteur s'efface devant, ou s'enlace dans celui de l'auteur principal. Du moment qu'un différend entre eux vient troubler cette harmonie, voilà l'auteur et le traducteur qui reprennent, ou plutôt qui gardent, leurs droit de défendre toute contrefaçon, chacun de son côté ; ni le traducteur qui n'a plus de bail sur l'œuvre principale, ni son éditeur sublocataire n'auront plus le droit, sous peine correctionnelle, de procéder dans leurs démarches de publication et vente qui, vis-à-vis de l'auteur, sont faites par eux solidairement — ni l'auteur principal ne pourra t-il se servir de la traduction ou des exemplaires imprimés de celle-ci. Il ne pourra donc pas réclamer la remise de ces exemplaires, pas même contre rétribution des frais de l'éditeur et du traducteur. Car, bien qu'on puisse opiner que le traducteur était obligé de faire les impenses de son intelligence aussi bien que de faire faire celles d'industrie par son sublocataire, pour rendre l'œuvre productive, selon le but du contrat, voire par la vente de sa *traduction* — nous ne voudrions pas voir, dans cette traduction, rien qu'une impense. Voilà justement la différence du rôle de l'éditeur de celui du traducteur : les prestations du premier ne sont qu'industrielles, représentables par cela même, — du moins en théorie — par une somme de dommages-intérêts, tandis que les services du traducteur représentent une vraie collaboration intellectuelle et que pour cette raison, il ne peut être désaisi de ses droits à la protection de son individualité répandue dans la traduction, par une action de la justice. Les droits personnels que comprend le droit d'auteur (1), ne sont aliénables ni bon gré, ni mal gré.

Des considérations analogues débrouilleront les relations

(1) V. chap. V, au nº 123.

compliquées entre l'artiste et celui auquel il aura permis l'application d'une reproduction de son œuvre à des objets industriels, comme ornement, etc., entre l'architecte et le propriétaire de la maison qui est l'incarnation, pour ainsi dire, des dessins du premier, entre le peintre ou le sculpteur d'un portrait et celui qui l'acquiert, enfin, entre l'artiste et le photographe qui reproduit son œuvre. Nous nous défendons d'entrer dans les détails, pour le moment, pour ne pas faire tort à la simplicité de notre théorie principale, par les réserves qu'il faudra faire partout où les œuvres de l'esprit ou de l'art sont destinées, tout en conservant leur caractère essentiel, à servir à certains buts d'utilité. On comprendra notre idée générale à cet égard, si nous rappelons que, par exemple, la photographie présente une analogie frappante avec la traduction, en ce qu'elle reproduit les œuvres d'art graphique, après une spécification qui, tout en pouvant (comme la traduction) être opérée industriellement et presque mécaniquement, est susceptible de mériter tous les égards et toute la protection d'une production de l'art.

Malgré les réserves qu'implique justement cette possibilité d'un manque d'art dans les cas que nous venons d'énumérer, il résultera toujours de notre théorie pour chacun d'eux une protection partout où il y aura une production littéraire ou artistique à protéger, et il y aura constitué un droit exclusif de concéder des droits dérivés qui, aujourd'hui, sont usurpés parfois par le premier venu.

Ces droits dérivés d'édition, de traduction, de représentation, de reproduction photographique, etc., peuvent, chacun dans sa direction spéciale, épuiser toute la valeur matérielle de l'œuvre, toute la productivité dont elle est capable. Pour tous ces loueurs différents, nous l'avons vu, le bail respectif devra donc contenter toutes les exigences: ils ne sauraient demander davantage, parce qu'il ne restera à l'auteur, avec la nue propriété, rien que les droits inaliénables à la protection de son individualité. Même le fameux « jus abutendi », le droit d'anéantir ce qu'il a créé, est g evé des dommages-intérêts et rendu parfois impos-ible par l'existence des reproductions ou d'autres circonstances résultant des baux. Celui qui acquerrait la propriété de l'œuvre n'aurait, en vérité, acquis que ce « jus abutendi » par-dessus la somme de tous les baux sus-mentionnés; or, ce « jus abutendi » exercé par un tiers, serait certainement contraire aux bonnes mœurs, ce qu'il peut parfois être déjà quand l'auteur même voudrait l'exercer. Il n'y a donc pas de raison pour admettre, sous un prétexte quelconque, que l'auteur *vende* son œuvre ; un bail à long terme et en s'étendant à toute jouissance possible, sera tout ce qu'il pourra ou devra concéder.

Il est vrai que tout cela n'est juste que pour l'état actuel du droit d'auteur, dépourvu qu'il est de la perpétuité. Car du moment où la perpétuité de la propriété littéraire et artistique sera reconnue, ou dans les pays où elle l'est déjà actuellement, la totalité de la jouissance acquise par bail étant toujours limitée quant à sa durée, ne représenterait plus qu'une partie de ce que transférerait une cession de l'œuvre. Mais cette durée limitée et le retour de la jouissance à la fortune ou à l'héritage de l'auteur, est justement un des *desiderata* qu'ont prévu ou que voudront prévoir certaines législations qui, d'après notre théorie, n'auraient qu'à interdire la vente. Une telle défense ne serait pas, il est vrai, en harmonie avec les idées du siècle sur la liberté individuelle, mais, du reste, elle ne manquerait pas de précédent en droit commun, où elle existe, par exemple, pour les fidéicommis. Les raisons qui ont fait tout spécialement condamner ceux-ci, ne sont pas toutes applicables aux biens immatériels, et la noblesse de l'esprit mérite bien les mêmes privilèges pour sa postérité que celle de l'épée.

Après ces explications que nous croyons nécessaires pour

compléter notre système, retournons aux conséquences qu'il convient d'en déduire, et établissons-en la dernière qui nous paraît, pour un avenir prochain, la plus importante.

Du moment que tous les différents droits de jouissance des œuvres intellectuelles seront reconnus comme baux du droit d'auteur, il n'y aura plus moyen de refuser à chacun d'entre eux la protection qui lui appartient, par suite de celle qui est accordée à l'auteur. On voit de suite, qu'alors, le droit de traduction, entre autres, jouirait de plein droit de la même protection pénale et civile que l'œuvre originale. Si nous disons « de plein droit » nous savons bien que la base des Unions, Traités et Lois existantes à cet égard étant clairement et expressément une autre que la nôtre, et les dispositions légales n'admettant pas de doute qui donnerait lieu à une interprétation quelconque, le droit de l'auteur au sujet de la traduction resterait bien le même, autant que durent ces Lois et Traités. Mais est-ce téméraire de prévoir que, si la manière de voir de la jurisprudence changeait un jour à l'égard du caractère légal du droit de traduction, il n'y aurait plus les mêmes résistances et hésitations de la part de certains Gouvernements d'accorder les mêmes armes de défense à l'auteur contre le traducteur frauduleux que contre le contrefacteur ?

Ernest EISENMANN.

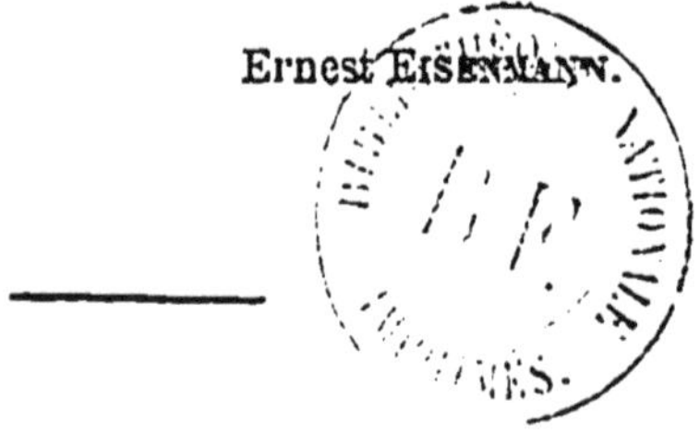

Orléans. — Imp. Paul PIGELET.

www.ingramcontent.com/pod-product-compliance
Ingram Content Group UK Ltd.
Pitfield, Milton Keynes, MK11 3LW, UK
UKHW012053240726
13965UKWH00003B/1258

9 782013 451284